话

古韵新声

黄欣 著

U0143061

江苏凤凰教育出版社
Phoenix Education Publishing, Ltd

图书在版编目（CIP）数据

古韵新声话秦淮 / 黄欣著 . -- 南京：江苏凤凰教育出版社，2024.2

ISBN 978-7-5743-0994-4

Ⅰ . ①古… Ⅱ . ①黄… Ⅲ . ①秦淮河 - 介绍 Ⅳ . ① K928.42

中国国家版本馆 CIP 数据核字 (2024) 第 039068 号

书　　名	古韵新声话秦淮
著　　者	黄　欣
策划编辑	李明非
责任编辑	刘　芳
装帧设计	陈　也
责任印制	石贤权
出版发行	江苏凤凰教育出版社（南京市湖南路 1 号 A 楼　邮编：210009）
苏教网址	http : // www.1088.com.cn
照　　排	江苏凤凰制版有限公司
印　　刷	南京新世纪联盟印务有限公司
厂　　址	南京市江宁区诚信大道 88 号华瑞工业园 7 栋
开　　本	787 毫米 × 1092 毫米　1/16
印　　张	19
版　　次	2024 年 2 月第 1 版
印　　次	2024 年 2 月第 1 次印刷
书　　号	ISBN 978-7-5743-0994-4
定　　价	78.00 元
网店网址	http : // jsfhjycbs.tmall.com
公 众 号	苏教服务（微信号：jsfhjyfw）
邮购电话	025-85406265，025-85400774
盗版举报	025-83658579

苏教版图书若有印装错误可向承印厂调换
提供盗版线索者给予重奖

序

南京是中国历史文化名城，有着 2500 多年的建城史，近 500 年的建都史，被誉为"六朝古都""十朝都会"，拥有悠久的历史和丰富的文化遗产。

当代关于南京历史文化的叙述，最经典的当属蒋赞初先生所撰的《南京史话》。《南京史话》是一部深入浅出的学术著作，勾勒了南京史前至明清时期历史文化的发展脉络，填补了南京研究的空白。该书于 1963 年由中华书局出版，列入"中国历史小丛书"，1980 年修订后由江苏人民出版社、中华书局先后出版，1995 年南京出版社将之列入"可爱的南京丛书"，使其成为南京研究的经典之作。

其后，有文史学家薛冰先生的《南京城市史》。这部皇皇巨著第一次全面叙述了南京 2500 多年的建城史和近 500 年的建都史，称得上是首部南京通史。其后，又有文学家叶兆言先生所撰的《南京传》。《南京传》以史料为基础，用细腻的文学笔法呈现了南京这座城市的过去与当下。这是一部城市传记，传主就是南京。在叶先生的笔下，南京作为一个传主被拟人化，他透过南京这扇窗户看中国历史，抽丝剥茧，细细道来。此外，更有高校历史专业学者编纂的洋洋数百万字的多卷本《南京通史》。

我们从《南京史话》《南京城市史》《南京传》《南京通史》这些书名不难看出，它们是"史"，是"记"，合成后就是"史记"，是历史类著作。今天，呈现在读者面前的《古韵新声话秦淮》，它写的也是南京的历史与文化，也可以归为"史记"一类，但它又不是一般意义上的"史记"。

本书作者黄欣,又叫黄小满,少时随家人从苏州迁居南京,在南京这座城市生活了几十年,虽经军营锻炼,但依然保持着姑苏文人的气质(书中"文人抚琴"这张照片中的文人就是其本人)。他在本职工作之余,焚香抚琴,手不释卷,尤擅长红学,还是昆曲清曲传承人,不久前被指定为南京市秦淮区非遗代表性传承人。

小满的本职工作是江苏省秦淮河水利工程管理处副研究员、高级政工师,对秦淮河的历史与现状了然于胸。也正因为如此,他对南京历史文化的认识,是从秦淮河切入的;加之其本人擅长工尺,精于清曲,因此,"秦淮""韵""声"这些关键词,自然而然地形成了《古韵新声话秦淮》这个书名。

秦淮河被誉为中国第一历史文化名河,与长江一起,数千年来哺育着南京这座城市,是南京亲情相依的母亲河。《古韵新声话秦淮》并不是单纯地讲"乳汁"的丰盈与甘美,更多的是在讲因"乳汁"哺育而成长起来的秦淮儿女们。

本书分为四大章。第一章《源起龙藏浦》,是作者基于水利工作的重点叙述,"龙藏浦"是秦淮河的古称。作者从湖熟文化时期人们依水而居,到随着南京城市建设、城乡居民生业发展而兴起的开渠、导水、开湖、围垦,再到桨声灯影、湿地环保景观的形成,对秦淮河流域的水情历史展开了翔实的介绍。这个思路及所述内容,是此前南京诸"史记"中所不见的,可以说是本书的一大特色。

第二章《小江筑大城》,"小江"是秦淮河的别称。作者紧扣本书的主线,历时性地讲述了南京城市依托秦淮河逐步壮大、造就城河相依格局的发展轨迹。

第三章《淮水旧时月》,依然从秦淮河的视角切入,从文学、绘画、书法、戏曲、医药、科技及衣食住行等多个层面,介绍祖冲之、李时珍、曹雪芹、竺可桢等人物,圆周率、《本草纲目》《红楼梦》、云锦、灯彩等成就，江南三织造、气象台等遗迹，讲述南京古今的文化成就及风土人情。

第四章《秦淮汇江海》。作为终章，作者将秦淮河延伸至大江大海，借由三国孙吴的航海历史，明代郑和下西洋的历史，明代南京大报恩寺琉璃塔的建造，渤泥国王墓见证了海上丝绸之路的大国外交，魏源《海国图志》对民族工业发展的影响，以及如今青奥会的举办、"文学之都"的入选等具体事例，讲述了南京古今的对外文化交流。

通览全篇，我们可以发现，与此前南京的诸"史记"相比，《古韵新声话秦淮》有着鲜明的特色。首先，如果说南京诸"史记"的作者是撰述者，那么，小满则是讲述人。

从本书的《后记》中不难看出，小满是一位非常善于讲述的人。书中的大部分内容，都是他平时通过各种形式向单位同事、向社会团体、向中小学生讲述的内容。翻开本书，我们读到的是文字，看到的是图片，但在这些文字和图片的彼方，我们脑海中能再三浮现出小满向听者娓娓道来的情景。

如在《东方诗河》一节中，对与南京相关的唐诗宋词，小满是通过 2023 年 2 月 19 日南京市全民阅读办组织的一次特别的寻访活动来介绍的。包括一群小学生在内的 50 名成员乘船沿外秦淮河、杨吴城濠溯流而上。船过石头城，吟刘禹锡《金陵五题·石头城》，"山围故国周遭在，潮打空城寂寞回"。船过水西门，吟辛弃疾《水龙吟·登建康赏心亭》，"把吴钩看了，栏杆拍遍，无人会，登临意"。过长干里，吟李白《长干行》，"郎骑竹马来，绕床弄青梅。同居长干里，两小无嫌猜"。画船游舫之上，一路吟诵，一路体验秦淮河诗词之旅。视角独到的类似讲述，在书中随处可见。

其次，观照古今。南京诸"史记"的叙述多是厚古薄今，相比之下，小满的著作不但深入过往，而且观照当下，正像其书名那样,"古韵"与"新声"相映成辉。与秦淮、南京相关的人和事,叙述的时间到了2023年。张恨水、朱自清、俞平伯这些著名的近代人物自不待言,袁隆平、钟南山、吴良镛等大家耳熟能详的人与事亦跃然纸上。

再次,临场感强,它为生活在当下的人们提供了一本优秀的南京读本。书中选用了大量的图片资料,尤其以秦淮河的图片资料为多。这些图片资料,不仅有旧影,还有新照,甚至有新旧影像对照。如内秦淮河东水关、西水关的图片资料,既让人有沧桑之感,又令人感悟到传承的意义;小满在介绍长江河道变迁时,配的是南京河西地区高层建筑双子塔,在图片的介绍文字中告诉读者这里"曾经是长江河道",这样的安排给了读者难得的临场感。书中选用的出土文物的图片资料,并不一定是标准的文物图片,有不少是作者在博物馆展厅的陈列柜前拍摄的,并带有展品的说明文字,这同样有着强烈的临场感。在讲述武庙闸时,小满同时配上了洪泽湖镇水铁牛和杭州拱宸桥镇水石兽两幅图片,既增加了读者的临场感,又拉近了读者与其他城市的距离,还勾连起了各个知识点,扩宽了读者的视野。因此,与南京诸"史记"相比,小满的这本书不仅具有"史记"的性质,还像是一本行走南京的 guidebook(指南)。

最后还想强调的一点是,本书除上述特色,还包含有令人深省的内容。

100多年前,时任两江总督的端方在南京举办了中国第一个世界博览会,这也是首次以官方名义主办的国际性博览会,名为"南洋劝业会",历时半年,共计30万人参观了这场博览会。

与这场博览会相关的大叙事,相信大家并不陌生。1910年9月,鲁迅先生任绍兴府中学堂监学兼博物教员,他建议把当年学校的秋游活动改为赴南京参观南洋劝业会,让学生开阔视野,增长知识,这一建议得到了学校师生的大力支持。当时,绍兴府中学堂的 32 名教职工、220 名学生中,除极少数人,200 多人由鲁迅带队赴南京参观。茅盾在浙江湖州中学求学时,也曾参观过南洋劝业会。1934 年,叶圣陶在《中学生》杂志上发表的文章中提到,他在苏州草桥中学读书时,去参观过南洋劝业会。此外,徐悲鸿、刘海粟、骆憬甫、史量才、郑逸梅、颜文梁等中国近代史上熠熠生辉的名人,也悉数参观过南洋劝业会,纷纷感叹"一日观会,胜于十年就学"。

不难想象,"开通民智""引领风气"的南洋劝业会,给当时师生的精神带来了何等的刺激!小满的这一笔,我觉得绝不是他不经意间的一笔。这不仅是本书的点睛之笔,还是他对现代文明的深刻理解。

南京大学　張学锋

目　录

第一章　源起龙藏浦

序　言

"上善若水,水善利万物而不争。"(老子《道德经》)水是大自然给人类最好的馈赠,人类的文明大都是依水而生的。

四大文明古国古代埃及(尼罗河)、古代巴比伦(两河流域)、古代印度(印度河流域)、古代中国(黄河长江流域)皆因河而兴,人们逐水而居,在这里劳动、生活,繁衍生息。

源起龙藏浦
（缪宜江摄影）

　　一方水土养育一方人民，生于斯，长于斯，人们对于家乡的河流有着深深的眷恋和浓浓的情感，都会亲切地称她为"母亲河"。

　　正如黄河、长江是中华民族的母亲河，而秦淮河之于南京就是这样一条血浓于水、亲情相依的母亲河。

两源合流

在中国富饶的长江三角洲地区，有一个被称为宁镇扬丘陵地区的地方，这里山环水绕，河网纵横，湖泊水库星罗棋布。

在这个地区众多的山峦中，句容的宝华山和溧水的东庐山似乎更具"仁者乐山，智者乐水"（孔子《论语》）卓尔不凡的气质。

好山必出好水，宝华山竹园潭流出的涧水从东向西汇入句容河,东庐山淌出的涓流从南向北流进溧水河,两条河在今天南京江宁区西北村附近汇成一条干流,穿过南京城区,汇入长江。

这条河早期的名字叫"龙藏浦",浦是水边的意思,这个名字寓意着藏龙卧虎的水边将发生惊天动地的事。

中国的地势西高东低,这决定了大江大河都是自西向东流动的,中华民族两大母亲河长江和黄河都发源于青藏高原,浩浩荡荡奔流入海。除此之外,中国的珠江、淮河、海河和黑龙江等河流无一不是自西向东流淌的。

句容河、溧水河这两个长江下游的水系注定有不循规蹈矩的基因,它们仿佛蕴含着巨大的能量。这块流域面积为2684平方千米的土地,人烟稠密,经济发达,文明进程快,被世人称为"小流域,大保障"。

这条龙藏浦在汉代被称为"淮水",在六朝时期被称为"小江",但它有一个更响亮的名字——秦淮河。

关于秦淮河的得名有多种传说,其中流传最广的一个就是南宋时期周应合在《景定建康志》中的记载:"旧传秦始皇时,望气者言:'五百年后金陵有天子气。'于是,东游以厌当之。乃凿方山,断长垄为渎,入于江,故曰'秦淮'。"

这段文字的意思是秦始皇东巡到金陵(今南京)地界时,发现此地有王气,他怕日后有人在此称帝,于是断长垄,引淮水入江,以此冲掉金陵的王气,于是后人就把这条河称为"秦淮河"。

唐代许嵩在《建康实录》中记载:"其淮本名龙藏浦,其上有二源:一发自华山,经句容西南流;一发自东庐山,经溧水西北流,入江宁界,二源合,自方山埭西注大江。其二源分派屈曲,不类人功,疑非秦始皇所开。古老相传,方山西渎江土山三十里,是秦始皇开,又凿石硊山,西而疏决此浦,后人因名秦淮也。"这从另一个角度对秦淮之名的起源进行了论证。两个不同的论点,却有一个共同的焦点——秦始皇。如果从科学辩证的角度来看,许嵩的观点也许更为客观合理。

在1927年第1期的《地质学报》上,地质学家翁文灏在发表的《中国东部中生代以来之地壳运动及火山活动》一文中指出:"大约在一亿年前,以河北燕山为中心的地壳运动——燕山运动,影响了我国东部大部分地区,形成了宁镇山脉。到了大约1000万年前,南京地区地壳抬升,地表受到流水侵蚀,秦淮河与南京段长江、滁河就是在这一时期发育形成的。"这进一步证明了秦淮河是一条天然的河道。

2018年8月13日,位于广西壮族自治区兴安县境内,开凿于秦代的灵渠入选世界灌溉工程遗产名录。灵渠开凿的大背景是秦始皇灭了六国之后,为了开拓岭南地区,进而统一中国,下令在桂林兴安县境内的湘江与漓江之间修建一条人工运河,用于运载粮饷。灵渠于公元前214年凿成通航,之后,秦始皇便迅速统一了岭南。

秦始皇或许是为了他的雄图霸业,也或许是为了泄掉金陵(今南京)的王气,因此命人开凿了秦淮河的某段河道,秦淮河由

秦淮河在南京江宁西北村两源合流(陈玉军摄影)

十里秦淮夫子庙
泮池（陈大卫摄
影）

此成了第一个以大一统朝代"秦"字而命名的历史文化名河。

秦淮河全长约 110 千米，流域面积有 2684 平方千米，其中的 66.2% 在南京市内，33.8% 在镇江句容市内。北源句容河长约 41 千米，南源溧水河长约 35 千米，两源合流形成的秦淮河干流长约 35 千米，河面宽 90—200 米。秦淮河干流从西北村经方山西侧北流，过东山、上坊，而后进入南京主城区。

秦淮河干流在南京城东南通济门外的九龙桥处又分为内、外两支，一支经东水关入城，流经平江桥、文源桥、夫子庙泮池、文德桥、来燕桥、武定桥、朱雀桥、镇淮桥、上浮桥、下浮桥等，从水西门出城，这一条内秦淮河的黄金水道就是天下闻名的"十里秦淮"。

清代吴敬梓在《儒林外史》中写道："这南京乃是太祖皇帝建都的所在，里城门十三，外城门十八，穿城四十里，沿城一转足有一百二十多里。城里几十条大街，几百条小巷，都是人烟凑集，金粉楼台。城里一道河，东水关到西水关足有十里，便是秦淮河。水满的时候，画船箫鼓，昼夜不绝。"

名著的影响力是巨大的，经过文学包装后的秦淮河名扬天下，现在一说起秦淮河，人们的脑海里就会浮现出"十里珠帘，桨

1998年航拍长江发生特大洪水时的外秦淮河入江口（缪宜江摄影）

声灯影"的画面。

另一支绕南京明城墙流淌的外秦淮河，经武定门、雨花门、中华门到水西门，与内秦淮河水在西水关外复合，合流后蜿蜒向北，再经清凉门、石头城、草场门至三汉河河口，然后汇入长江。

秦淮新河于1975年开工建设，1980年通水，自南京市江宁区河定桥往西16.8千米，到雨花台区金胜村入江，这样就形成了秦淮河"两源合一，两流入江"的流域格局。

青山绿水的秦淮河流域属于亚热带季风气候，这里四季分明，气候温和，降水丰沛，物产丰富，年平均气温15.5摄氏度，年平均降雨量1038毫米、蒸发量1021毫米，这就意味着每平方米的土地平均能得到1吨的雨水。

秦淮新河入江处（陈大卫摄影）

秦淮河流域的降水量存在着季节性分配不均的特点,流域内的洪水主要是暴雨洪水,经常发生在6—7月降水量密集的梅雨期。中华人民共和国成立后,秦淮河东山水文站作为流域的基准站点,确定秦淮河的警戒水位为8.5米,2019年调整为8.8米。

经过多年的治理,秦淮河岸线平整,沿岸景色秀美,植被覆盖率高,成为深具影响力和知名度的"城市生态绿色走廊"。

南京城北金川河汇入长江(顾树荣摄影)

治水建业

先秦至两汉时期,中国的政治中心多集中在西安和洛阳这些老古都身上。后跻身于中国四大古都之一的南京,当时还处于地广人稀、劳动力缺乏的未开发状态,和那些名头响亮的古都老大哥们相比,南京还只是一个蹒跚学步的小朋友。

先秦时期,南京处于吴楚交界地区,并先后成为楚国、吴国、越国的领地,在这几个国家争战不休的时候,统治者们慢慢发觉南京是个好地方,这里控江扼淮,山川形胜,于是,秦淮河流域迎来了早期的建设者。

胥河（顾树荣摄影）

公元前 506 年，伍子胥借吴王之力，带兵攻入楚国郢都，掘楚平王墓，报了父兄之仇。伍子胥本是楚国人，父亲是楚国的太傅，因受奸人陷害，伍子胥的父亲和长兄被楚王杀害。伍子胥从楚国逃亡到了吴国都城姑苏，后成了吴王阖闾的重臣，助吴王西破强楚，北败徐、鲁、齐，成就一方霸业。

伍子胥带兵攻打楚国时，在秦淮河地区的今南京高淳区固城镇与定埠镇之间开凿了胥河，全长 30.6 千米，从而连接了太湖流域和长江流域的水系，使吴国的军资能快捷地运转，并成功攻入楚国。北宋著名水利学家单锷在《吴中水利书》中记载："公辅以为伍堰者，自春秋时，吴王阖闾用伍子胥之谋伐楚，始创此河，以为漕运，春冬载二百石舟而东，则通太湖，西则入长江。"

由此，胥河成为有史记载的世界上最早的人工运河。胥河的开凿虽然最初以军事需要为目的，但如果从历史宏观的角度来看，它奠定了南京城形成和发展的基础，也形成了秦淮河流域治水的最早格局。

229 年，孙权建立吴国，从武昌（今鄂州）迁都建业（今南京），

胥河茅东闸（顾树荣摄影）

1. 破冈渎遗址（陈大卫摄影）
2. 赤山湖蓄滞洪区（王维摄影）
3. 青溪故道（陈大卫摄影）

使南京成了中国南方的政治中心。孙权高度重视都城建业的开发和建设，他主导了秦淮河水系第一次规模性的治理和改造。

当时，三吴地区（吴兴、吴郡、会稽）的物资，都是用船从江南运河（今京杭大运河的一段）先运送到京口（今镇江），然后再由京口从长江运送到建业的。六朝时期，长江的入海口紧贴着京口、广陵（今扬州）一线，长江之上风高浪急，船翻、人亡、货沉的事情时常发生，物资运送的风险和成本极大。

孙权下令在秦淮河上游的方山截淮立埭，开凿破冈渎，东接江南运河，沟通了秦淮河水系和太湖水系，使三吴地区的粮草和物资可以通过破冈渎经秦淮河安全到达都城建业，从而加强了秦淮河流域与东部地区的政治和经济联系。

与此同时，东吴赤乌二年（239 年），孙权命人在句容西南

33千米处的秦淮河北源地区开挖赤山湖，蓄山溪水成湖，这样既可以缓冲秦淮河上游洪水，又可以调节秦淮河下游水源，灌溉秦淮河下游的千亩农田，这种"上蓄、中滞、下泄"的治水理念，至今仍发挥着重要作用。

东吴赤乌三年（240年），孙权命人在都城建业内自秦淮河北抵仓城开凿了运渎，贯通了运河水道，自此，运渎不仅成为都城内最便捷的运输线，也成为东吴境内转运物资和粮草的一条新交通线。

翌年，孙权命人在建业城东开凿了"东渠"，后被人称为"青溪"，这一时期还开凿了"潮沟"，又名"城北堑"（今珍珠河）。这些人工沟渠相互连接，组成了都城建业发达的水网，这不仅解决了都城内的物资运输问题和给水、排水问题，还利用城市外围的天然城濠，在灌溉、运输和防卫等方面发挥了重要作用。

东吴时期，孙权命人在今南京市中华门到水西门段的秦淮河岸筑长堤，名"横塘"。唐代诗人崔颢《长干曲四首·其一》中的诗句"君家何处住，妾住在横塘"，就提到了横塘。当时，孙权还命人在秦淮河上南接横塘，用木材、石块等修筑栅栏，进行了夹淮立栅的水利建设，史称"栅塘"，以防止洪水泛滥。

栅塘成了当时重要的水利工程，不仅保障了秦淮河沿岸不受水患的威胁，还起到了军事屏障的作用。

自东吴起的300多年里，统治者们有计划地在都城内外进行水利建设，构建起了建康城（今南京）的水上交通网络，这不仅对都城的交通运输、军事防御、城市用水、农田灌溉等方面发挥着积极的作用，还对六朝时期建康城的全方位发展影响巨大。

城濠交织

秦淮河在历经了六朝的繁荣和发展后，随着隋文帝杨坚的大军攻破了六朝最后一个朝代南陈而暂停了兴衰更替的脚步。

南陈灭亡后，新的统治者很快实行了抑制江南发展的政策，隋文帝甚至下令摧毁建康城，荡平一切宫苑名胜，建康城遭到了毁灭性的破坏。

我们只能从唐代诗人韦庄"江雨霏霏江草齐，六朝如梦鸟空啼。无情最是台城柳，依旧烟笼十里堤"的怀古诗句里感叹朝代更迭的无奈和悲凉。

隋唐两代的统治者相继对南京地区采取抑制发展的政策，秦淮河两岸的发展停摆了，南京这个城市的名称在这一时期变化很大，行政级别也一降再降，六朝时期的繁华荡然无存。

隋代至唐代中期的南京虽然萧条，但秦淮河地理位置优越，所以南京在当时仍然是东南驿道和漕粮转运的重要枢纽之一。

唐代末期以后，南京的地貌发生了较大的变化，秦淮河入江口逐渐西移，所以在这一时期，秦淮河两岸经商之风盛行，居住在秦淮河畔的人们多从事航运生意。

唐朝灭亡后，中国进入大分裂的五代十国时期，杨吴政权的重臣徐温的养子徐知诰任昇州刺史时,开始修筑金陵城(今南京),秦淮河又迎来了新一轮的开发。

徐知诰在修筑金陵城的过程中,为了更好地解决秦淮河入江通道与金陵城南的军事防线问题,开挖了都城以及宫城的城濠,重新规划了城内的河道。

城濠自上水门(今东水关)出发,沿着金陵南垣城墙至下水门(今西水关),再与城内的秦淮河水汇合后一并入江。秦淮河在南京主城区形成内、外秦淮河段这一格局,并一直持续到现在,这被后人称为"杨吴城濠"。

杨吴城濠形成了南京城区最早的行洪通道,至今仍发挥着重要的防汛作用。937 年,徐知诰建立齐国,939 年,他改名为"李昇",改国号为"唐",史称"南唐"。

李昇在杨吴时期修建的金陵城的基础上,对都城进行了进一步的改造,他采取"断淮筑城"的方法,跨越秦淮河修建城墙。

对于流入城内的内秦淮河,他因势利导,巧妙地利用河道的自然曲折,将东门(今通济门)、南门(今中华门)、龙光门(今水西门)设置在三个空间节点上,既保证了秦淮河成为城市的重要

杨吴城濠故道
(闵克祥摄影)

水源,又使得城市的水上交通运输更为便捷畅通。

李昪成为南唐先主之后,把他原来任昇州刺史时的府治扩建成了南唐皇宫。宫城位于都城中部偏北,即今天南京市新街口户部街以南、内桥以北、太平南路以西、张府园以东这片区域。

今南京城南的中华路是南唐时期宫城的御道。宫城四周有护龙河环绕,护龙河利用了原有的六朝时期的运渎和青溪的河道,并贯通了运渎和青溪、潮沟的水源,成了南唐都城交通和排涝、补水的重要通道。

如今,南唐护龙河南段保存完好,成为南京城区秦淮河中段的一部分,其他河道大都已经湮没。

南唐伏龟楼遗址
(王腾摄影)

南唐时期,秦淮河的上水门是南京通往苏南、浙江方向的交通枢纽,从东南而来的商贾会聚集在此;下水门作为内秦淮河的出水口,是南京货物运输的水上咽喉。

秦淮河两岸的开发主要集中在南京城内长约十里的内秦淮段,十里秦淮逐渐成为南京城市的地标,秦淮河沿线也成为南京城市发展的中心地带。

外秦淮河经过拓宽和加深,成为都城的护城河,它既发挥了都城防卫的军事功能,又兼顾了水上运输的航运功能。

杨吴城濠的开发是秦淮河水道的又一次重大改道,它对秦淮河下游区域的发展产生了深远的影响,也奠定了千年以来南京城市的水系格局。

围湖开河

宋元时期,中国进入寒冷期,朝代的更迭和气候的变迁有着惊人的吻合度。

1972年,著名气象学家、地理学家竺可桢的研究论文《中国近五千年来气候变迁的初步研究》一经问世,就立刻引爆了学术界。

竺可桢将我国的气候划分为四个温暖期和四个寒冷期,北宋中期到南宋后期正处于中国的寒冷期,这一时期,北方地区水草缺乏,游牧民族大举南迁,宋经常遭受辽、夏、金、元的攻击。

北宋时期,寒冷气候导致长江水域发生重大改变,从而使秦淮河水体也发生改变。这一时期,秦淮河的河道逐渐变窄,南京长江岸线也两次改道。

由于地形的变化,长江上的江洲已经与岸相连,长江与秦淮河交汇处的低洼地留下了许多池塘和湖泊。

莫愁湖正是在这个时期形成的。秦淮河入江口的泥沙逐渐淤积,慢慢向西北三汊河推移,乌龙潭也与长江脱离,石头城以西一带逐渐成为陆地。今天的秦淮河以西,河西新城高楼林立、市井繁华,很难想象这里曾经是长江河道。

两宋时期的南京城基本延续了南唐时代的格局,百余年间,都没有受到战争的侵扰。一批有作为的统治者在积极发展经济的同时,也非常重视城市建设,他们疏浚城濠,在秦淮河两岸兴建了不少文化设施。

六朝时,玄武湖与长江是相通的;到了宋朝时,在极寒气候引发的枯水现象的影响下,玄武湖因缺水而淤塞严重。

玄武湖属于秦淮河下游区域的浅水湖泊,位于钟山(紫金山)之阴,所以最早叫"后湖";六朝时期居于建康城之北,又称"北湖";在中国古代的四方之神中,北方属玄武大神掌管,所以后来又叫"玄武湖"。六朝时期,这里一度成为水军的操练场,也是皇家游乐的林苑。

曾经的江洲与岸相连(顾树荣摄影)

南朝时期,宋文帝对玄武湖进行了第一次大规模的疏浚,被挖出的湖泥堆积在一起,形成了露出水面的小岛。其中最大的岛为"蓬莱""方丈""瀛洲"三岛,合称"三神山",这就是今天玄武湖中梁洲、环洲和樱洲的前身。

历史上,玄武湖的湖面要比现在宽阔得多。东吴时期,孙权对都城建业进行了第一次水系改造,在城北开凿了一条重要的人工河道,它北通玄武湖,引江潮入城,被称为"潮沟"。

东吴末主孙皓在位时开凿了城北渠,连通潮沟,将玄武湖水引入宫城。相传陈后主在宫内泛舟遇雨，河中泛起的泡泡形似珍珠，因此这条河又叫"珍珠河"（现南京珠江路珍珠桥下河道）。

这些都城内的河道连通着玄武湖与秦淮河，担负着城市防洪排涝、军事防御、水运交通的功能，玄武湖也成了南京城一个重要的蓄水池。

曾经是长江河道
的南京河西地区
（顾树荣摄影）

北宋熙宁八年（1075年），王安石第二次任江宁知府时，见玄武湖淤塞已久，荒废不用十分可惜，于是决定对玄武湖进行改造。

王安石是北宋时期著名的政治家、改革家、文学家和思想家，他长期居住在江宁（今南京），筑居于半山园（今南京博物院东北），官任宰相期间实行变法，史称"王安石变法"。他十分重视水利建设，并将治水视作"为天下理财"的途径，他积极修筑堤堰，浚治陂塘，使水路运输变得十分便捷。

在变法期间，他制定发展农业的各种新法，其中《农田水利约束》是我国第一部完整的农田水利法。

该法鼓励民众开荒垦田，兴修水利，规定州县报修的工程应

玄武湖（顾树荣摄影）

进行详细的调查，并绘制成图，这也就是我们今天仍在沿用的工程项目施工前可行性研究制度，其还规定了组织人力、物力兴建工程的具体办法。该法实施后，极大地调动了全国人民兴修水利的积极性。

王安石在给皇帝上疏的奏章《湖田疏》中说："金陵山广地窄，人烟繁茂，为富者田连阡陌，为贫者无置锥之地。……臣欲于内权开丁字河源，泄去余水，决沥微波，使贫困饥人尽得螺蚌鱼虾之饶。此目下之利。水退之后，济贫民，假以官牛官种，又明年之计也。"王安石因此得到了200多顷湖田，他把湖田分配给贫民耕种，暂时缓解了社会危机。

王安石当时的围湖开河虽然是因秦淮河流域的地貌改变而采取的一种人工改造，也取得了一定的社会成效，可这个行为本身却是以牺牲自然生态环境为代价的。南宋后期，中国又进入温暖期,气候的变化导致了雨量的增多,江河水位开始上升,玄武湖这个曾经的天然蓄水池失去了蓄洪、分洪的功能。

多雨时期,紫金山的山洪和秦淮河的涝水没有下泄的通道,这一违背了"上蓄、中滞、下泄"治水规律的做法,破坏了南京城的水网体系,使南京陷入了"雨则涝,旱则涸"的尴尬境地。

南宋的《景定建康志》中曾这样评价:"田出谷麦,所利者小;湖关形势,所利者大。"一语道破了王安石围湖开田的危害性大于所谓的社会成效。

与王安石同为"唐宋八大家"的苏轼面对同样的问题,却有不同的做法。1089年,苏轼任杭州刺史时,西湖也出现了水草吞湖、淤积严重的问题,面临着和玄武湖同样的处境。

苏轼先后上奏《杭州乞度牒开西湖状》和《申三省起请开湖六条状》,请求开浚西湖。苏轼采用以工代赈的方式,招募灾民齐心开湖,并让灾民将挖出的湖泥和葑草筑成湖心的长堤。后人为感念苏轼治理西湖,而将该长堤称为"苏堤"。

如今,"苏堤春晓"已经成为西湖十景之一,并成为杭州一张举世闻名的文化名片。

从王安石提出"废湖还田",玄武湖神秘消失了200多年之后,到元大德五年(1301年)和元至正三年(1343年)经历了两次"废田还湖"的疏浚,至此,玄武湖又以崭新的面貌重出江湖,这也是元朝政权为南京地区治水作出的重要贡献。

此时,玄武湖的水域面积严重缩水,仅是六朝时期的三分之一。

山水城林

明洪武元年（1368 年），朱元璋定都应天府（今南京），建立大明王朝。国家初定，百废待兴，秦淮河开启了大交通体系建设的黄金时代。

明代都城皇宫摒弃了之前六朝、南唐等朝代的宫殿遗址，而是选择城东进行皇城的开发，又在城北开辟了军事区，皇城的中轴线整体向东偏移。由于秦淮河是自东向西流的，并由东南侧的上

南京明故宫遗址
（顾树荣摄影）

水门入城，所以皇宫只有选择后退到秦淮河北岸建设。

北边有江滩湿地，东边有玄武湖，西边受限于外秦淮河，这就造就了我们今天看到的南京明城墙筑城走向的不规则形态，秦淮河再次用实力影响了南京的城市形态。

由于明代都城的政治中心东移，水网改造的重点也偏向城东，这一时期开凿了护城河——明御河。

明代李昭祥在《龙江船厂志》中记载："金水河，即古燕雀湖也。王宫既宅，则是水萦络宫墙，如古之御沟矣。"明成祖朱棣迁都北京，以南京皇宫（明故宫）为蓝本，修建了北京紫禁城。

今天北京天安门前的金水桥是每个去首都的观光客必拍照留影的打卡地，站在巍峨的天安门城楼下，人们不禁被气势恢宏的古代宫殿建筑所震撼。

600多年前的南京明故宫也是这样的盛况，现在南京城东的御道街就是昔日的皇宫御道，如今已成为车水马龙的城市主干道。

路过沧桑的外五龙桥时，你可以稍作停留，这里曾是南京明故宫的金水桥，桥下的明御河水向西南流入杨吴城濠，然后汇入

外秦淮河。

明太祖朱元璋为了从东郊运粮至城内,下令开凿了运粮河。这是一条人工运河,全长只有4.1千米,其先在南京市秦淮区中和桥以东经过南京师范大学附属中学秦淮科技高中前,再到杨晏桥与秦淮河交汇。

明代时的运粮水道如今仍然发挥着泄洪灌溉的作用。秦淮河与运粮河的合围地区有一座明代古桥七桥瓮,这是南京地区现存较大的砖石构筑拱桥,也是秦淮河从上游流至南京城区的必经之路。

明初,朱元璋为纪念在征战中殁亡的开国功臣,在城中的鸡笼山(今鸡鸣山)修建功臣庙,并将古运渎北端河道拓宽,使其与杨吴城濠相连,以便官民乘舟前来进香祭祀,香客们皆由此河而来,所以叫"进香河"。

明清时期,进香河与杨吴城濠、珍珠河依然是完整的水系,成为南京城内一条繁华的运河。这一时期,南京城西滨江地带也开凿了三条运河:上新河、中新河、下新河,加强了南京与长江中下游地区的联系。

金川河是流经南京主城北部的一条长江支流,是城北重要的运输航道。明朝以前,金川河远离都城的政治中心,一直没有受到足够的重视,明朝建都南京之后,第一次将金川河流域纳入主城区内。明城墙在金川河边设有金川门,这也是秦淮河水系发生的一次重大变化。

明初,南京成为全国的政治、经济、文化中心,全国的物资运送都集中往都城而来。从长江中上游运来的物资经过大胜关和南河抵达赛虹桥的外秦淮河,上新河的木材运输也是通过外秦

阅江楼（顾树荣摄影）

胭脂河天生桥
（孟凯摄影）

淮河送达的。

自隋唐以来，一直是重要经济区的太湖流域、钱塘江流域也成了大明王朝的主要经济区，这一时期的漕运方向也发生了重要的变化。

明洪武二十五年（1392年），朱元璋下令疏浚胥河，漕运物资可以由太湖到石臼湖，但秦淮河与石臼湖之间有胭脂岗阻断。洪武二十六年（1393年），朱元璋下令开凿胭脂河，沟通了石臼湖和秦淮河之间的水路。

胭脂河是明朝开国以来最大的水利工程，主持开河的官员是崇山侯李新，李新曾因营建明孝陵和鸡笼山功臣庙而有着丰富的实践经验。胭脂岗一带的岩石非常坚硬，而且工期也非常紧，要开挖深达30米的人工河非常不易。

李新令民工采用"烧麻炼石，破块成河"的方法，利用热胀冷缩的原理，用工具先在岩石上凿缝，再将麻绳嵌入缝中，接着用桐油将岩石烧至通红，然后再浇冷水激之，这样，原本坚硬的岩石上就形成了一道道裂缝，最后将石块撬开搬运走。

现如今，胭脂河两岸的山冈上还堆积着当年开山工程遗留下的大石块十余吨。在没有先进起重机械设备的年代，胭脂河的巨大工程全部由服役的民工用双手开凿而成。

今天,我们站在胭脂河天生桥上远眺美丽的景色时,是不是可以凭吊一下当年工程的不易?从此,江浙地区的漕船经过胭脂河抵达七桥瓮后,即可抵达京城,这建立了明代初期都城内外畅通的运输体系。

清代,南京仍然是江南地区的政治、经济、文化、军事中心,清朝的两江总督就驻节南京,统治者继续对秦淮河进行治理,对秦淮河的水运交通进行维护,城河一体的城市格局没有太大改变。

河清水晏

秦淮河在经历了明清时期的治水改造后,到了清末已经繁华不再,青溪、运渎等河道堵塞,内秦淮河污水横流,水污染情况日趋严重。

内秦淮河的河床比通济门外的外秦淮河的河床高出2米多,经常出现船只不能航行的现象。秦淮河的水环境问题除去气候等自然因素,最主要的还是当时的社会因素。

1927年,"国民政府"定都南京后,对于南京进行了大规模的城市建设,主政者先后制订了《首都大计划》《首都计划》,但这些计划都对城市防洪排水缺乏足够的重视,城市灾害时有发生。

到了1932年,南京市政建设才将重心转移到水利工程建设中来。水利专家在勘察了南京的水利环境后,拟定了《南京市防水计划报告》,对秦淮河的排水功能给予了充分的肯定:"该河一方可藉雨水之宣泄,亦可减少渠道建筑之费用,乃将城内秦淮河及城外护城河一概保留而改良之。"这一决策为秦淮河及城内其他河道的疏浚起到了积极的推动作用。

1932年,南京市成立了"疏浚秦淮河设计委员会",委员会成员一致认为,秦淮河关系到南京的水利安全,秦淮河淤塞是诱发城内水患的因素之一,疏浚整理,刻不容缓,他们建议南京市工务局立即对东水关、水西门等处河道进行疏通开浚,并修缮东、西水关闸等水利设施。

1935年,《南京市城南区下水道工程计划》出台,这是南京市制订的第一部比较完善的现代化下水道排水计划。同年6月,城南下水道工程正式动工,至1937年,南京市共埋设下水管道26722米。

部分管道铺设后还未及使用,日本就发动了全面侵华战争,工程被迫中断。民国时期,南京确立了防洪预警机制并完善了洪水监测系统,大大提升了城市的防洪水平,水利建设得到了一定的发展。

1949年,中华人民共和国成立后,历届江苏省委、省政府始终把秦淮河的治理作为重点水利建设项目,对秦淮河进行大规模的治理,大致可分为两个阶段。

第一阶段是1949—1975年。政府对秦淮河水系进行了多次修整,在丘陵山区修塘筑库,蓄水拦洪,兴建中小水库171座,削弱了洪峰对秦淮河下游的威胁;对西北村以下秦淮河干流河道进行裁弯取直,疏浚拓宽,加高加固堤防;在南京城南兴建武定门节制闸、武定门泵站等大型水利枢纽,进一步改善秦淮河的排洪、灌溉条件;拓浚了湮塞近200年的天生桥河(明代脂胭河),并新建了天生桥套闸及跨河桥梁等配套工程,再次沟通了秦淮河和石臼湖。

第二阶段是1975年至今。1975年完成的《秦淮河流域水利规划》提出,上游大搞蓄水工程,中游整治干支河道,下游扩大

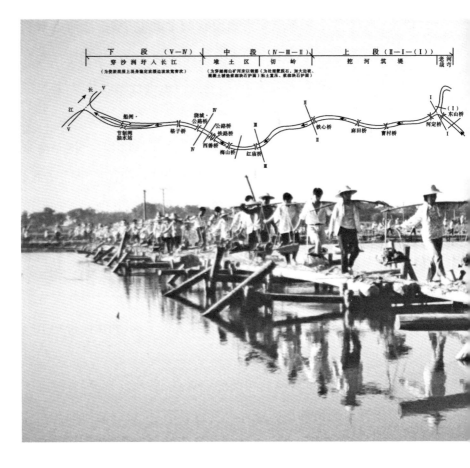

排洪出路,决定开辟秦淮新河。

2014 年,方志出版社出版的《江宁区志》中记载:"秦淮新河,1975—1980 年,从东山附近的河定桥至南京郊区的金胜村入江处开挖成一条全长 18 千米,河面宽 130—200 米,行洪 800 立方米每秒的人工泄洪河,即秦淮新河。并在该河口附近建有节制闸,以适应排洪、抗旱和航运的需要。秦淮新河在区境内长 4.64 千米。"

与此同时,从 1978 年 2 月开始,政府在秦淮新河水利枢纽旁开工兴建秦淮河船闸,至 1985 年,船闸建成通航,这结束了秦淮河因武定门节制闸而造成断航的历史。

数十万水利人开凿秦淮新河（江苏省秦淮新河闸管理所供图）

进入 21 世纪，秦淮河流域实施堤防达标工程，秦淮河南京城区段防洪标准基本都超过历史最高洪水位 1.5 米。流域内的水利工程都进行了加固更新改造，新建了三汊河河口闸，实施了外秦淮河综合治理工程，恢复了水生态功能，营造了水清、岸绿、景美的水环境景观。

江苏省秦淮河水利工程管理处承担着南京城区防洪、排涝、抗旱、生态调水、水环境改善的重任，其借助完备的水利工程体系，战胜了秦淮河流域历次特大洪水、特大干旱等自然灾害，抗御了历次强台风灾害，改善了南京城市的水生态环境。

秦淮新河水利枢纽、武定门水利枢纽等秦淮河流域控制性

流光溢彩的外秦淮河（陈大卫摄影）

水利工程，更是被人民群众亲切地誉为秦淮河的"生命站""守护神"。

在非汛期时，江苏省秦淮河水利工程管理处通过秦淮新河泵站、武定门节制闸、三汊河河口闸等多闸联动，每年有超过 10 亿立方米的优质长江水进入外秦淮河，有效地保障了南京城市的生态水位、生态流量，改善了南京城区河道的水生态环境。

2008 年 10 月，联合国人类住区规划署宣布中国南京荣获 2008 年度联合国人居奖特别荣誉奖，并指出成功治理、开发流经市区的秦淮河是获奖的主要原因。秦淮河重现了"桨声灯影"的盛世光景，成了享誉世界的流动的河、美丽的河、繁华的河。

白鹭芳洲

"关关雎鸠,在河之洲。窈窕淑女,君子好逑。""蒹葭苍苍,白露为霜。所谓伊人,在水一方。"《诗经》中这些优美的诗句,有着很强的代入感,很容易让人眼前浮现出一幅人与自然和谐共生的优美画面。

新石器时代,秦淮河流域的湖熟地区就有了秦淮先民生活的痕迹。考古专家们发现了古人们烤火的痕迹,并发掘出了印着花纹的陶器,虽然石器还是当时主要的工具,但已经出现了青铜器铸造的技术。

从农具和动物骨骼的遗迹来判断,当时的农业、畜牧业已有了一定的水准。从出土的大量狩猎工具来看,渔猎是最为主要的生产方式。秦淮先民们在这里刀耕火种,利用丰富的水资源,大量捕食游鱼、河蚌、螺蛳、龟、鳖等水生物,在秦淮河水边的高地上建立起自己的原始村落,迈出了秦淮河文明的第一步。

历史学家把秦淮河流域湖熟地区发掘的这片早期的人类生活遗址叫"湖熟文化遗址","湖熟文化"成为与"河姆渡文化"齐名的江南地区史前文明的代表。

"江南佳丽地,金陵帝王州"(南朝齐谢朓《入朝曲》),是秦淮河赋予南京的独特魅力，而南京的历代帝王也渐渐明白了水为利时，家国兴旺；水为患时，山河狼藉，一部秦淮河治理发展史始终贯穿南京城的发展历程。

"三山半落青天外，二水中分白鹭洲。"唐代大诗人李白登临秦淮河边的凤凰台，望着江天一色，秦淮河流到入江口的沙洲而水绕两路，这片生机勃勃的绿洲上水草丰美，白鹭翔集，他一下子就有了创作灵感，从而留下了千古名句。

曾经的白鹭洲（今江心洲岛）如今已是南京河西地区的一片绿色生态住宅区，其已成为人水和谐的示范区域。秦淮河地区丘陵环绕，水网发达，适合众多生物生存和繁衍，生物多样性丰富。

从来没有一个时期像现在这样，对生态文明发展集中发力，"绿水青山就是金山银山"成为这个时代人们的共同价值观。秦淮河给我们带来丰富多样的物质资源，我们有理由更好地去呵护她。

秦淮河东源，当年东吴大帝孙权开发的赤山湖，历史上水域面积曾广达 200 平方千米，为秦淮河流域的防洪发挥着重要的作用。

随着湖区的不断发展，赤山湖周边人口密度越来越大，大量湖面被填埋成农田和鱼塘，赤山湖就如同北宋时期的玄武湖，在废湖造田中逐渐消失。

21 世纪以来，为防洪蓄水，保护生态，政府重新退渔还湖，再次修复赤山湖生态环境。2013 年，赤

山湖国家湿地公园开始建设,秦淮河上游湖泊湿地逐步恢复。

　　赤山湖国家湿地公园拥有河流、湖泊、沼泽等丰富的湿地类型,孕育了丰富的生物资源。2023年,赤山湖国家湿地公园累计记录生物物种超700种。其中鸟类达200种,包括东方白鹳、中华秋沙鸭和青头潜鸭、白枕鹤4种国家一级重点保护野生动物,小天鹅、白琵鹭等39种国家二级重点保护野生动物,以及百余种国家"三有"保护动物。

　　每年秋冬季节,数以万计的鸟类来此栖息、越冬与繁衍。与湿地公园建设初期相比,鸟类的种类增加了130多种,数量保持稳定增长。

　　今后,一定会有更多珍禽出现在这里,赤山湖国家湿地公园已成为名副其实的生物多样性百科全书。赤山湖的生态文明建设对秦淮河水源地的保护起到了功不可没的作用,赤山湖国家湿地公园已成为南京周边名副其实的"生态绿肾""天然氧吧"和野生动植物天堂,守护着秦淮大地的健康与祥和。

　　秦淮河进入南京城区东南,与明代运粮河交汇,河面上横跨着一座七孔明代古桥,桥孔形似瓮盆,南京的老百姓都叫它"七桥瓮",桥身上分水兽和螭首

1. 人与自然和谐共生（靳浩摄影）
2. 白鹭芳洲（张洁摄影）
3. 赤山湖湿地生物多样性（王维摄影）
4. 赤山湖小天鹅（王维摄影）
5. 赤山湖冰面上行走的野鸭（王维摄影）

的浮雕展现着曾经的大明风华。在很长一段时期，七桥瓮古桥都是南京东南门户的水陆交通要道。

随着城市现代化进程的不断发展，七桥瓮地区一度成为生态环境恶劣而亟待整治的重灾区。秦淮河第二阶段综合整治之前，大量的超重卡车穿梭于古桥之上，使得古桥桥面不堪重负。

桥下停泊着上百条渔民们赖以生存的渔船（违建渔民村），古桥拱券被撞的现象时有发生，河道内，渔民村产生的生活污水和垃圾使秦淮河的污染日趋严重，具有 600 多年历史的明代古桥岌岌可危。

明代七桥瓮古桥
（陈大卫摄影）

2002 年，南京市政府在秦淮河上另选地址修建一座大桥，用来替代七桥瓮古桥的通行功能，同时对古桥进行全封闭修复；拆迁渔民村，让世代居住在船上的渔民成为陆地居民，秦淮河上最后的渔民村至此消失。

2009 年，在秦淮河和运粮河合围的洲地，七桥瓮湿地公园建成，其以生态环保为理念，开辟湿地滩涂，保持原有地貌，沟通水网，生态造林，把明代古桥纳入其间，成为地标性的历史景观。

湿地文化中心在造型设计上犹如一只趴在树叶上的幼虫，主体建筑的功能在太阳能、污水净化、水源（地源）热泵技术的应用上体现了节能环保的现代理念，与湿地公园绿色生态的主题相得益彰。

南京市民漫步在七桥瓮湿地公园，人工原木栈桥和古代石桥遥相呼应，鹭鸟在绿洲里栖息、飞翔，现代化的科普展馆与静静流淌的秦淮河古今交汇，让人处处能感受到赏心悦目的自然生态美景。

2016 年 3 月 16 日，中华人民共和国生态环境部公布了《"十三五"国家地表水环境质量监测网设置方案》，出台了国家地表水考核断面的管理办法，用于考核地表水环境质量。

七桥瓮设置了国考断面的监测点，国考断面从属于国家地表水环境监测网中的评价、考核、排名监测断面（点

七桥瓮国考断面监测点（陈大卫摄影）

位），以改善秦淮河水环境质量为核心，满足秦淮河流域水污染防治目标任务考核和南京城市水环境质量排名等环境管理的需求，成为秦淮河生态环境的晴雨表。

湿地的生态就像是城市的肾脏，对水源的净化修复有着重要的作用。七桥瓮湿地公园就是秦淮河生态治理的一个模板，今后还会有越来越多白鹭芳洲出现在秦淮河畔，让这条千年流淌的母亲河焕发出迷人的风采。

第二章 小江筑大城

序 言

世界上的名河往往会有好多个名字,其在每个历史时期还会有一个具有时代特色的称呼。秦淮河也不例外,六朝时期一度被称为"小江"。

《三国志·吴书·张纮传》中记载,孙权在东吴定都南京前曾说:"秣陵有小江百余里,可以安大船,吾方理水军,当移据之。"北齐魏收在《魏书》中写道:"遥望建康城,小江逆流萦。"

小江筑大城
（顾树荣摄影）

　　小江边的大城里，一代代南京人在此安居乐业，衣食住行、风土人情、人文佳话，无不闪烁着智慧的光华。

　　就像二十四节气里的小满，物至于此小得盈满，小江这个名字汇聚着一股灵动的力量，小小的河流蕴藏着巨大的能量。

越城遗址陶三棱锥（王腾摄影）

城河相依

筑城长干

人类喜欢逐水而居,是因为水资源能为人类的生活带来保障,南京城最早的长干里居民就生活在古秦淮河畔,长干是指山陇之间的平地。《建康实录》中记载:"建康南五里有山岗,其间平地,民庶杂居。有大长干、小长干、东长干,并是地里名。"考古专家经过 6 年的考古发掘,于 2023 年 12 月论证确认南京中华门外西街遗址有始建于 3000 多年前商周时期的"长干古城",发掘出完整的城与濠相结合的筑城体系、水井、猪祭祀坑,还发掘出大量的具有明显商代特征的陶器、瓷罐、玉璧等文物,提供了"长干古城"被不断使用和修筑的证据。南京建城史因此又向前推进了 600 多年,南京地域文明探源工程取得了重大进展。

越台成城

在今天外秦淮河赛虹桥水路往东的亲水平台上,有一座人像雕塑,主人公叫范蠡。吴越争霸以越王勾践灭吴而告终,公元前 472 年,勾践派谋士范蠡在南京城南长干里一带修建了一座台形土城,叫"越城"。

人们很好奇越城有多大,北宋的《图经》中有记载:"城周回二里八十步,在秣陵县长干里。"用古代的度量衡来换算,越城的周长二里八十步相当于1228.8米,如果是一个正方形的城池,那么越城的面积约为9万平方米,与今天南京总统府的面积相当。

显然,这样的面积作为一个城市来说小了点,但这座小城的军事意义十分重大,越王勾践正是看中了这里临江控淮的险要地势,可以成为进攻强楚的前哨阵地。越城筑成之时,也是北面秦淮河两岸繁华之始。

越城遗址(黄欣摄影)

始称金陵

公元前333年,楚威王熊商率军灭越国,将南京纳入楚国的版图。楚威王来到南京,经过精心的选择,他放弃了秦淮河南岸的越城,在今天秦淮河入江口附近的石头山重新建造了一座城池,取名为"金陵邑"。

与越城纯军事性质不同的是,金陵邑是集军事与行政为一体的城池。今天的史学界一致认为,金陵邑是南京主城设置行政区划的开始。

"金陵"这个名称的来源有多种说法,而流传最广的就是楚

古金陵邑大致位置（顾树荣摄影）

王埋金说。楚王因为风水先生说南京有王气，所以在石头山埋金，以镇王气。南京从此有了金陵这个响亮的名字，这个名字成为知名度最高的一个名称，且持续使用了 2300 多年。

石城建业

221 年，三国时期吴主孙权将政权中心从京口（今镇江）迁到秣陵（今南京），在石头山楚国金陵邑的故址上修筑城池，取名"石头城"。

据史料记载，石头城的面积与今天的北京故宫相当，石头城四周夯筑土垣，城内有石头仓城。六朝时期，石头城紧邻江边，

石头城城砖（王腾摄影）

地势险要,一直是军事要塞。石头城在秦淮河入江口处还建有石头津,它也是水运交通的一个重要关口。

石头城这个名字一方面是因山得名,另一方面也寓意着这座城池坚如磐石,固若金汤,石头城如今也成为南京一个重要的地名。今天的南京清凉山东侧有一个驻马坡,三国时期的政治家、军事家诸葛亮奉刘备之命出使东吴,曾经登临此处,他观察

石头城(缪宜江摄影)

1. 五马渡（顾树荣摄影）
2. 六朝官字款城砖（王腾摄影）

金陵形胜后由衷地赞叹，"钟山龙蟠，石城虎踞，真帝王宅"，从此"龙蟠虎踞"成为南京独特的文化象征。

229年，孙权在武昌称帝，同年迁都建业，开创了南京建都的历史。建业都城的建设以秦淮河为界，秦淮河以北是宫殿、官署和苑囿区，居民区主要分布在秦淮河南岸的长干里一带，建业的市场也分布在人口稠密、交通便利的秦淮河两岸，当时的城墙是用竹篱围成的。

这种依河而建的城市格局对东晋和南朝建康城（今南京）的布局和规划产生了一定的影响。

六朝建康

东吴定都建业后，政治、经济、军事快速发展，统治者们纷纷把目光聚焦到大江之东的建业城上。

西晋时期，建业改名为"建邺"，后又改名为"建康"，寓意建立安乐宁静之地。西晋末年，中原地区的士族大规模南迁，史称"衣冠南渡"。

现在，南京幕府山江边有个五马渡广场，它曾是琅琊王司马睿入建康城建立东晋王朝的起点，衣冠南渡的转折点。南京城至今还流传着"五马渡江,一马成龙"的传说。

建康城是在东吴建业城的基础上改造而成的,宫城建设中第一次使用了砖,建筑材料有了重大的升级。

建康城新开了五个城门,修复了朱雀桥,连接了秦淮河南北的交通,建康城还在外郭设置了篱门56所,其中不少篱门都在秦淮河南岸,形成了宫城、都城、外郭三重城垣的都城结构。

这一时期,建康城新建了郊坛,设立了太学,这对都城的教育、科技、文化发展起到了积极的推进作用。自东晋建都建康城之后,南朝的宋、齐、梁、陈政权均对建康城进行了扩建改造。

到了梁朝的全盛期,建康城的人口约有200万,建康城也已发展为繁华的国际性大城市,与西方的古罗马被并称为"人类古典文明的两大中心"。

南唐风华

南唐时期,金陵城(今南京)的北界大致在今天的南京市珠江路、广州路南侧一线,东界为龙蟠路西侧一线,南界为雨花门、

南唐伏龟楼遗址位于南京明城墙中华门至武定门段的东城角(陈大卫摄影)

中华门一线,西界为水西门至汉中门一线,整个城墙呈南北略长、东西略短的不规则方形。

南唐时期的筑城,舍弃了荒废已久的六朝宫城,结合"城"与"市"的营造理念,将高大的城墙修建在秦淮河两岸,使秦淮河下游两岸的商业区和居民区包容在城墙之内。

今天,南京明城墙中华门至武定门段的东城角,有一处南唐伏龟楼遗址,伏龟楼是南唐都城东南角的一段镝楼,平时可以登楼赏景,战时起到瞭望御敌的作用,它突出于城墙之外,三面临秦淮河,是当时"金陵第一胜境"。

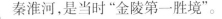

南唐伏龟楼遗址城砖(王腾摄影)

伏龟楼直至宋代尚存,南宋诗人杨万里曾在诗中写道:"周遭故国是山围,对境方知此句奇。偶上伏龟楼上望,一环碧玉缺城西。"伏龟楼遗址上还叠加了明城墙的遗址,从发掘出的城砖来看,相比明城砖的大而厚,南唐城砖明显小而薄。

现藏于美国克利夫兰艺术博物馆的《早秋夜泊图》背面有这样的注释:"楼正面九间,中三间外突加'龟头屋'。"经过学者的鉴别,此画极有可能是南唐的伏龟楼。

南唐都城的建设中心整体南移,城南地区成为南唐时期的主城区,今天的洪武路、中华路成为南唐都城的中轴线。

秦淮河被纳入城中,十里秦淮两岸被持续开发,沿岸出现大量官办太学、书院、画院,这推动了南唐教育、文学、艺术的发展。南唐的建国史虽然只有短短的39年,却经历了20多年的持续筑城,那时的金陵城成为超越长安、洛阳的中国第一大城,名扬海内的"江南第一州"。

大明皇城

明初,朱元璋定都南京,他听取谋士朱升"高筑墙,广积粮,缓称王"的建议,举全国之力建造大明都城。新建的南京城规模宏大,由宫城、皇城、京城和外郭城四重城垣构成。

明代重新划分了都城的区域功能,城北为军事区,城东为皇城区,城西南为居民区,都城营造一改前朝方形或矩形的旧制,在六朝建康城和南唐金陵城的基础上,依山脉、河湖走向,北以后湖(今玄武湖)为依,南以秦淮河为护城河,东以紫金山为屏障,西纳石头城入城内,都城四周修建城墙,将山水城林尽纳其中。

南京明城墙的修建动用全国 28 万民工,耗费约 3.8 亿块城砖,历时 28 年才完工,城墙总长度为 35.3 千米,成为"高坚甲于天下"的一座大城。

我们从坚硬如铁的城墙砖上可以看到,几乎每一块城砖上都刻有详细的铭文,内容是城砖烧制的时间、州府地县、烧制人姓名,如果施工中出现问题,可以直接溯源找到责任人。

如此精细的工程,确保了城墙的质量。除去历史因素、人为因素的毁损,现今完好保存的明城墙还有 25.1 千米,这使得明城

山水城林(顾树荣摄影)

墙保留着许多世界之最的头衔,被后世评价为中国礼教制度与自然相结合的典范、古代都城建设的杰出代表。

风气之先

1927 年,"国民政府"定都南京之后,随即开展对南京的建设,到 1937 年这十年间,南京迎来了城市全面规划和发展的黄金期。

从 1929 年"国民政府"编写的《首都计划》里我们可以看到,南京的发展规划十分全面,包括道路系统、水网改造、交通管理、铁路港口、车站机场、自来水、电力、住宅、学校、工业、城市分区等。现在,南京的城市格局、功能分区、道路系统、公共建筑等,都是根据这一规划付诸实践的。

外秦淮河入江口的下关地区,1899 年正式开埠,围绕着铁路、水上机场、码头等交通枢纽新建了一批欧式建筑,分布于秦淮河的两岸。这一时期的外秦淮河区域处于南京城市的外围,

金陵邑遗址　石头城遗址

南唐宫城遗址

越城遗址

长干古城遗址

发展空间更大,因此成为南京近代化进程的试验区。

在七桥瓮附近建有大校场机场,秦淮河中和桥边是新军训练营,长干桥至雨花门的秦淮河南岸是中国军事工业的摇篮——金陵制造局,城区的轨道交通小铁路穿过老城南地区,跨越外秦淮河,连接宁芜铁路。

1928年,"国民政府"准备将孙中山先生的灵柩由北京移至南京,并计划修筑一条迎柩大道。孙中山先生的灵柩从下关码头到中山陵所经街道以"中山"命名,叫"中山大道","下关码头"改名为"中山码头","朝阳门"改名为"中山门"。

杨吴城濠秦淮河河段上建造了"逸仙桥"(孙中山字逸仙)。1933年后,以鼓楼、新街口为节点,中山大道又分为中山北路、中山路、中山东路三段,全长近13千米。中山大道是南京第一条柏油马路,也是中国第一条现代化的城市干道,它成为国内城市道路建设的样本,被称为"民国子午线"。

城河相依(王腾摄影)

明朝宫城遗址

六朝建康宫城遗址

锦衣华裳

现在，我们经常能在秦淮河夫子庙风景区见到穿着古代华服的年轻人，六朝的宽袍大袖，唐代的雍容华贵，明代的清秀典雅，他们迈着文化自信的脚步，行走在古色古香的秦淮河两岸。

灯火阑珊处，锦衣夜行，让人感觉仿佛穿越回古代，置身于建业、建康、金陵。这样的华服爱好者越来越多，他们的出现总是能吸引大众的眼球，成为一道独特的风景。

中国的桑蚕文明历史悠久，5000多年前，太湖流域的人们就开始使用丝织品了。

秦淮河流域的纺织业可以追溯到三国时期。刘备在四川建立蜀汉政权，成都地区得天独厚的地理环境使得当地的纺织业非常发达，生产的蜀锦远近闻名。南朝刘宋时期，山谦之在《丹阳记》中记载："江东历代尚未有锦，而成都独称妙。故三国时，魏则市於蜀，而吴亦资西道。"蜀锦成为当时优质的硬通货，吴国、魏国都会与蜀国进行蜀锦交易。

东吴位于长江中下游地区，这里水网纵横，气候温暖，非常适合桑蚕业的发展，与其从远道购买蜀锦，不如自己发展丝织业。在孙权的大力推动下，东吴地区的纺织生产得到了进一步的发展,官营纺织手工业规模迅速扩大。

东吴时期设立了专司丝织的御府,皇宫内设置了织室,到了孙皓政权时期,专事丝织的宫女达到了上千人。劳动人民在长期的生产实践中积累了丰富的养蚕经验。

东吴时期,杨泉在《蚕赋》中详细记载了"逍遥偃仰,进止自如"的蚕座标准,"在庭之东,东爱日景,西望余阳"的养蚕簇室的选择条件。

南京的丝织业在东吴时期形成并得到发展,到了东晋末年,刘裕灭后秦,将后秦的百工从长安迁到建康,百工中的织锦工匠把北方的先进技艺,尤其是统治者们偏爱的织金锦技艺(云锦的主要特征)带来,促使南京的丝织业有了第一次飞跃的发展。

417年,东晋政权在秦淮河畔的斗场寺附近设置锦署,史称"斗场锦署"。其后,锦署成为南朝官府常设的手工业纺织机构,专为王室制作服物。锦署标志着南京云锦的正式诞生,至今已经有1600多年的历史。

元代时期,统治者喜欢用真金装点衣饰,对织金织物的需求非常大,大量生产"纳石失"(名贵的织金锦)。

据《马可·波罗游记》中所述,当时元代的蒙古贵族不仅衣着纳石失织金锦,就连日常生活中的帷幕、被褥、椅垫等都为纳石失所制,无一例外,甚至连军营所用的帐篷也是由这种织金锦制成的,绵延数里,场面十分壮观。

南宋词人洪咨夔在《天仙子·寿陈倅八月十五》中写道:"风月分将秋一半,昨夜月明今夜满。有人笙鹤御风来,玉绳转,银河淡,凉入天孙云锦段。"南京云锦在这一时期脱颖而出,受到了关注。

1280年,元世祖忽必烈在南京设立专门为元朝皇室和百官

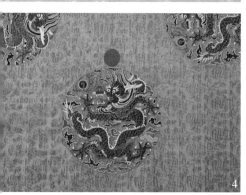

织造缎帛的东、西织染局。东、西织染局有营人工匠数千户，约数万人。

在元代统治的近百年时间里，云锦的产能一再增多，两大织染局的规模逐渐扩大，后来又增设溧阳州织染局、句容县生帛局，为之后明清云锦业的发展奠定了坚实的基础。

元代时，东织染局的地址大致在今天秦淮河夫子庙景区的中国科举博物馆北，西织染局的位置大约在今天秦淮河西水关附近的莫愁路一带。

1958年，北京市昌平区明十三陵定陵文物出土，其中万历皇帝的龙袍备受瞩目。龙袍在出土后，短时间内迅速碳化，丝织品曾经的颜色几乎无法辨认，有些地方还有破损。

文物专家在这件龙袍的腰封上，发现了它出自江南织造，确定了这件龙袍正是南京云锦的巅峰之作。

南京云锦现有的"织金、库锦、库缎、妆花"四大种类中，前三类已可用现代机器量产，唯有这件龙袍使用的妆花缎织造技艺还不能用机器生产，只能用手工完成。

我们用计算机的"二进制"算法来还原一下龙袍面料的织造过程：首先要由意匠（产品设

1. 云锦织金（江南丝绸文化博物馆供图）
2. 云锦库锦（承创织绣供图）
3. 云锦库缎（承创织绣供图）
4. 南京云锦研究所复刻万历龙袍云锦妆花缎面料（黄欣摄影）

计师）进行画稿设计，再由挑花工（程序编写员）进行挑花结本，然后上大花楼木织机（3D 打印机），由拽花工和织工两人（程序运行员）相互配合运行程序，最后要"打印"出皇帝的这件龙袍，需要运行"挑花结本"编出的 100 多万个程序。

1984 年，南京秦淮河边的云锦工匠耗时 5 年，成功复制失传了 300 多年的纱地妆花缎织造工艺，传世国宝原貌重现人间。

中国著名的服饰专家沈从文评价道："这件明皇朝袍料的选料、织纹、色彩、图案、织造技艺都同历史真品相同，堪称再现传世稀珍原貌。"2007 年，这件复原成功的云锦面料被联合国教科文组织作为收藏品永久珍藏。

从这件万历龙袍的面料上，专家们发现了特别之处，龙纹部分全是由真金线和包裹了孔雀羽的丝线织成的，从而确定明朝时期就有孔雀羽毛织进丝线的工艺了。

名著《红楼梦》里有个经典的内容"晴雯补裘"，贾宝玉的一件"雀金裘"披风是"俄罗斯国拿孔雀毛拈了线织的"，由于被炭火烧了一个洞，没人能识别出这是什么面料，只有晴雯认出这是孔雀金线，连夜用界线技法修补好了。

清代初期，叶梦珠在《阅世编》中写道："今有孔雀毛织入缎内，名曰毛锦，花更华丽，每匹不过十二尺，值银五十余两。"

元、明、清三朝都在南京设立了官办织造机构，清代，南京云锦走到一个辉煌鼎盛的时期。《红楼梦》展现了四大家族命运的兴衰，这也仿佛是南京云锦发展的一个缩影。

清朝统治者分别在南京、苏州、杭州设有织造局，南京的叫"江宁织造局"，江南三大织造局几乎承揽了清王朝所需的全部丝绸精品。

清朝康熙年间，《红楼梦》作者曹雪芹的祖父曹寅担任江宁织造，与此同时，苏州织造李煦（《红楼梦》中史家原型）、杭州织造孙文成（《红楼梦》中王家原型），三位江南织造官员之间互为姻亲，关系密切，成为一荣俱荣、一损俱损的铁三角关系。

皇帝龙袍十二章纹样"日月黼黻"（江南丝绸文化博物馆供图）

这三个织造府明面上承担着皇家丝织品的生产和供应，暗地里还进行着江南地区的情报收集工作。

《红楼梦》里有大量的丝织品描写，林黛玉初进贾府时，在荣国府正房荣禧堂看到一副对联"座上珠玑昭日月，堂前黼黻焕烟霞"，日、月、黼、黻特指衣服上的四个特殊纹样，而在古代，这是皇帝龙袍上才能使用的专属图案。

这个细节隐晦地交代了《红楼梦》中贾家的原型，现实中的江宁织造曹家，就是为皇帝生产龙袍云锦面料的。

皇帝的龙袍被称为"天衣"，而龙袍在制作时，要尽可能少地出现缝合线，且龙袍上只能有竖缝，不允许出现横缝，领口两边更

承创织绣复刻的乾隆皇帝龙袍（承创织绣供图）

是不能有缝。云锦龙袍都是按衣服图样织好后整片缝制的,所有面料上的图案都要精准拼接缝制,看上去就像是一个整体,这种精湛的制作工艺被称为"天衣无缝"。

《红楼梦》中,王熙凤第一次出场时穿的"外罩五彩刻丝石青银鼠褂"面料就是苏州织造府生产的缂丝面料。缂丝是用通经断纬的方法手工织成的,是中国传统丝绸艺术品中的精品。

《红楼梦》第四十回,贾母带刘姥姥游大观园时,看到林黛玉住的潇湘馆的窗纱旧了,就让王夫人给换个新的,于是王熙凤从库房里找出了"蝉翼纱",而贾母却说这是"软烟罗",并且科普了一下丝罗的知识。清代的杭州织造府主要出产的就是丝织品杭罗面料,而杭罗面料的特点就是"薄如蝉翼"。

明代有一个流传于南京的民谣,"古书院、琉璃塔、玄色缎子、咸板鸭",而其中的"玄色缎子"就

《红楼梦》中描写的四色软烟罗（江南丝绸文化博物馆供图）

是指南京出产的精品丝绸缎料。

当时,除了官办的织造府生产皇家的御用面料,民间的丝织业也非常发达,年产锦缎上百万匹,其成为南京规模最大的手工产业。南京玄缎(黑色、深青色面料)的制造工艺相当严格,它以湖丝为经,土丝为纬,其原料丝必须经过染色才能用于织造。

清代的丝织染坊大多聚集在内秦淮河南岸的柳叶街和船板巷附近。南京丝织业的发达还和秦淮河水富含单宁酸有关,用

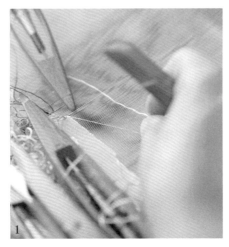

1. 缂丝（承创织
绣供图）
2. 云章公所（黄
欣摄影）

秦淮河水漂染过的丝织品更具光泽。

染色过后的丝还要经过漂洗,用秦淮河水漂洗过的丝是织造玄缎的优质原材,因此它成为闻名遐迩的南京特产。

南京丝织业是一个庞大的产业体系,织机数量大,机户织工多,织造水平高,各种与丝织业配套的商业体更不少,如机店、梭店、筘店、挑花行、拽花行、边线行等,就连绸缎商包装缎匹用的纸,都有专门的门店。

可以说,一个产业带动了整个地区的经济发展,在南京丝织业的鼎盛时期,有 30 多万人从事与丝织相关的工作。至今,南京仍在沿用与云锦产业相关的老地名,如绒庄街、颜料坊、红花地、踹布坊等,其中红花地就是因丝织染色用的植物染料红花而得名。

南京城南的仙鹤街地区,曾经是云锦产业的集中地。一座现代化的大型商业中心拔地而起,各种国际品牌的服装在这里汇集,时尚的潮人们穿梭其间。在商场玻璃幕墙环绕的天井里,一处明清建筑的院落吸引了人们的目光。这就是明清时期南京云锦织造业的行会"云章公所",相当于如今的行业工会组织。现在,它已经作为云锦数字展馆,将绚丽多彩、灿若云霞的云锦以高科技的形式展现给公众,给人带来视角上的享受。

今天,我们可以在南京的各大博物馆中看到云锦的面料以及制作过程,原本高不可攀、皇家专用的云锦渐渐走进大众的视野,各种各样的云锦文创产品也成为南京靓丽的文化名片,走进千家万户。

南京云锦木机妆花手工织造技艺作为中国织锦技艺最高水平的代表,2009 年 9 月成功入选联合国《人类非物质文化遗产代表作名录》。

无鸭过江

南京人喜欢吃鸭子,喜欢的程度被描述为,"在南京,没有一只鸭子能够活着游过长江"。

2005年,考古人员在秦淮河北源地区句容浮山果园发现了一座西周时期的古墓,在出土的文物中,居然有一罐鸭蛋,这些鸭蛋的外壳早已石化。

从外形上看,这些鸭蛋和现代的鸭蛋没有什么差别了。春秋战国时期,秦淮先民们就开始驯化野鸭了,到六朝时期,鸭子已经是南方江河湖沼中普遍养殖的水禽了,秦淮河流域盛产鸭子,鸭肉便成为当地人们日常肉食的来源。经过专家的研究,中国人食用鸭子的历史早于欧洲1000多年。

南京六朝博物馆有个展陈引起了美食爱好者的关注,一份六朝食单告诉我们建康城里的人们都吃些什么。

句容浮山果园出土的陶瓿鸭蛋(庞鸥摄影)

```
                    六朝食单

开胃水果:龙眼、荔枝、柑橘、青梅

汤     类:千里莼羹、扁尖鸭臛

荤     菜:金斋鲈鱼脍、鸭卵子、肉炙、糟鱼

素     菜:莲藕、茭白、春芹、芡实

主     食:汤饼、蒸饼、鸭饭、米饭

酒     水:金陵春、新丰酒

饮     品:茗茶
```

如果我们按照现代人的餐饮模式,把这份食单改成 A、B套餐,在南京城里开一个饭店,那它一定会是一个大受欢迎的网红餐厅。

```
        A套餐                          B套餐

开胃水果:龙眼、柑橘          开胃水果:荔枝、青梅

主     菜:金斋鲈鱼脍、鸭卵子    主     菜:肉炙、糟鱼

蔬     菜:莲藕、茭白          蔬     菜:春芹、芡实

汤     类:千里莼羹            汤     类:扁尖鸭臛

主     食:汤饼、米饭          主     食:蒸饼、鸭饭

酒     水:金陵春            酒     水:新丰酒
```

A、B 套餐均赠送茗茶。

千里莼羹就是用千里湖(今溧阳天目湖)所产的野生莼菜做出来的汤,可以与如今的杭州名菜西湖莼菜汤相媲美。臛是“肉羹”的意思,扁尖鸭臛差不多就是如今南京人爱吃的笋尖老鸭煲。鸭饭,就是鸭肉盖浇饭。

《南齐书·礼志一》记载:"永明九年(491年)正月,诏太庙四时祭,荐宣帝面起饼、鸭臛;孝皇后笋、鸭卵、脯酱、炙白肉。"齐武帝萧赜在祭祀祖先的时候,不但要有面饼,还要有鸭臛。

《南史·陈本纪》中记载,陈霸先在今南京幕府山至九华山一线与齐军作战,战事胶着,兵士都被困在那里,"会文帝遣送米三千石,鸭千头,帝即炊米煮鸭,誓申一战。士及防身,计粮数脔(肉块),人人裹饭,混以鸭肉。帝命众军蓐食(早上吃),攻之,(北)齐军大溃"。

水西门南京鸭
(邓灰摄影)

将士们吃了用荷叶包裹的鸭肉饭后,精神振奋,大获全胜,由此可见,鸭肉也是六朝军队的标配伙食。鸭卵子就是鸭蛋,可见六朝时鸭蛋已成为日常的食物。

乌衣巷的王谢堂前燕早已飞入寻常百姓家,而鸭子也已成为南京老百姓最家常的食物。毫不夸张地说,今天的南京城里,几乎每条街上都有一家鸭子店,有的是街头一家,街尾一家,有的一条小街的两边甚至有数家鸭子店。每个鸭子店都有自己的固定食客,每逢节假日,排着长队买鸭子的盛况早已屡见不鲜。

在南京有个奇特的现象,很多鸭子店都会挂上"水西门鸭子"的招牌。哪怕这个鸭子店开在离水西门很远的城东或是城北,也一定要在自己的店名前加上"水西门"三个字作为前缀。加上了"水西门"这个金字招牌,就意味着本店的商品优质且正宗。

清代袁枚在《随园食单》里记载:"塞葱鸭腹,盖闷而烧。水西门许店最精。家中不能作。有黄、黑二色,黄者更妙。"南京水西门七家湾附近有很多老字号的回民美食店,与西安著名的美食街回民街比起来也毫不逊色。

关于七家湾的历史,有很多种说法。清代南京文化名人陈作霖在《上元江宁乡土合志》中记载:"七家湾者,指七家回教牵牛者而居。"

史料记载明太祖朱元璋定都南京后,将跟随自己征战立功的七位回族将领集中安置在这里,并以"陶、马、丁、姚、哈、莫、白"七姓为基础,建立了"七家湾"。

七家湾回民美食区有着众多以牛肉为主的小吃:牛肉锅贴、牛肉煎包、牛肉馄饨、牛肉粉丝等,但最受南京人喜爱的还是盐水鸭。

水西门曾经是南京水路交通的主要通道,独特的区位优势使其成了一处美食天堂。五代南唐时期,杨吴城濠与内秦淮河汇合的下水门处修建了三重格局的城门"龙光西门"。

水西门下浮桥西水关河道(黄欣摄影)

杨吴城濠与外秦淮河汇合后直通长江,水西门逐渐成了商贸繁荣的水上咽喉。明代建都南京之后,朱元璋开始修建都城城墙,对西水关这一处的城门进行了升级改造,将其修成船形的水陆两栖城门,并改名为"三山门",民间俗称"水西门"。明清时期,水西门地区成了南京城的商贸物流集散中心。

物资囤积需要大量的存储空间,明朝时,水西门码头附近修建了很多仓房,用以储存货物。至今,水西门地区还有很多和仓储有关的地名,如仓巷、泰仓巷、仓顶等。

清代陈作霖在《金陵物产风土志》中记载:"鸭非金陵所产也,率于邵伯、高邮间取之。么凫、稚鹜千百成群,渡江而南,阑池塘以畜之,约以十旬肥美可食。杀而去其毛,生鬻诸市,谓之水晶鸭;举叉火炙,皮红不焦,谓之烧鸭;涂酱于肤,煮使味透,谓之酱鸭;而皆不及盐水鸭之为无上品也。淡而旨,肥而不浓,至冬则盐渍日久,呼为板鸭。远方人喜购之,以为馈献。市肆诸鸭除水晶鸭外,皆截其翼、足,探其肫、肝,零售之名为四件。唯鸡亦然。桶子鸡者,冬日之珍肴也,味与初春盐水鸭同。其腹中所有葅而沽之,曰杂碎。操是业者半系回回人。"

千万只鸭子从邵伯湖、高邮湖游过大运河,渡过长江,逆流而上到达水西门,最后进入南京城,这是何等壮观的景象。

根据现代食品加工的原理,就近取材加工可以使食物的新

长江八卦洲是当年千万只鸭子从水路进入水西门的必经之地(顾树荣摄影)

鲜度得到保证,水西门地区成为鸭食品生产加工基地的优势显而易见。

在南京,鸭子的烹制方式主要分为盐水鸭、烧鸭、咸板鸭三种,而其中烧鸭成了北京烤鸭的始祖。明朝初年,上至皇帝,下至平民,都爱吃鸭,鸭馔也成了当时的美食主流,叉烧烤鸭和焖炉烤鸭在那个时期就出现了。

明成祖朱棣迁都北京后,带走了不少烹鸭高手,南京人的烹鸭手艺又传到了北京。明代嘉靖时期,宫廷里的烤鸭手艺传到了民间,北京的街头开始有金陵片皮鸭、金陵烤鸭售卖。

吃北京烤鸭还有一套复杂的流程,北京烤鸭的鸭子都是靠填塞谷物而快速增长的填鸭,皮下脂肪厚,油脂多,体格肥大,所以要把片皮后的烤鸭放到煎饼上,再加上沾了酱料的大葱一起裹着吃。

也许是和鸭子的品种有关,南京的鸭子在生长期吃的是螺蛳、小鱼小虾,所以其肉质细腻,身材较小,被称之为"麻鸭"。南北两种鸭子的烹制方法各有千秋。

民国时期的文人张通之在《白门食谱》中写道:"金陵八月时期,盐水鸭最著名,人人以为肉内有桂花香也。王厨此鸭,四时皆佳,其肥而嫩,尤为外间八月所售之盐水鸭不能及。故金陵人士,无不知王厨盐水鸭之名也。"南京桂花鸭即得名于此。

在南京,鸭子在冬季会被制成咸板鸭,属于腌制食品,易于保存,所以湖熟地区出产的咸板鸭成为南京著名的土特产。

从小在南京长大的《红楼梦》作者曹雪芹也一定是个鸭美食爱好者,他在《红楼梦》里写了很多关于食鸭的情节。

第八回里,"宝玉因夸前日在那府里珍大嫂子的好鹅掌鸭

南京鸭血粉丝汤
（范宁摄影）

信。薛姨妈听了，忙也把自己糟的取了些来与他尝"。

第六十二回里，宝玉的生日宴上，"湘云吃了酒，拣了一块鸭肉呷口，忽见碗内有半个鸭头，遂拣了出来吃脑子"，金陵女子飒爽的形象跃然纸上。现实生活中，南京姑娘真的非常喜欢吃鸭头。

鸭子的全身都是宝，是一种很好的滋补食品，南京的老人也常说："吃鸭子，去去火。"

鸭肉除了有清热去火的功效，蛋白质还高，脂肪量又少，符合现代人低脂、低碳水的健康饮食追求。鸭舌、鸭头、鸭四件皆可做成卤味，鸭血、鸭肠、鸭胗又成为鸭血粉丝汤里不可缺少的食材。

作家黄裳在《金陵五记》中特费笔墨，洋洋洒洒写了一篇美食笔记《美人肝》，记述了南京老字号马祥兴菜馆创造出的一道极其美味的鸭馔菜肴。这是用鸭子的胰脏烹制的一道菜，因为鸭胰形似月牙，略呈淡粉色，所以文人墨客将其命名为"美人肝"。

在南京街头，经常能听到这样的对话："今晚吃什么？""斩个脯子（鸭子的前脯）吃吃。"鸭血粉丝汤也成了外地游客来南京必尝的小吃。爱吃鸭子、会吃鸭子的南京人还会很有经验地告诉你，最好吃的鸭血粉丝汤店一定是开在鸭子店旁边的。

民以食为天，鸭子已经成了南京人生活中不可缺少的那一口。南京的鸭馔文化如今已经名扬四海，成为普及性广、知名度高的全民美食。

青砖小瓦

六朝瓦当（黄欣摄影）

六朝的微笑

去过南京六朝博物馆的人都会被一组六朝时期的人面纹瓦当所吸引，专家考证这是六朝东吴时期建业都城和周边地区特有的一种建筑材料。

圆形瓦当的主体是浅浮雕的人面，清晰地刻画出了人的五官和喜怒哀乐的表情，其中有很多是笑的表情，仿佛千余年前的六朝人在微笑着和我们打招呼。

瓦当，是指中国古代建筑中覆盖建筑檐头的筒瓦前端的遮挡，用来保护建筑物的檐头，同时也起到提升建筑美感的作用。

这些六朝人面纹瓦当展现了当时建业城人民安居乐业的精神风貌，来自六朝的微笑再次用魅力征服了所有人。

六朝时期，都城的宫城遗址大约在今天南京大行宫这一带，城市在建设开发时，越来越多的地下六朝建筑遗址被发现，人面纹瓦当之后，还出现了兽纹、莲纹、云纹的瓦当。

南京是一个有着沧桑故事的城市，六朝时期的建筑随着隋朝的"荡平耕垦"、唐朝的"抑制发展"已经消失了，我们只能对博物馆陈列的藏品进行研究,从而去想象它们曾经的辉煌。

秦淮河房

青砖小瓦马头墙,回廊挂落花格窗,成为南京城南地区独特的建筑风貌。原籍安徽凤阳的朱元璋建都南京后,带了大批的安徽工匠来参与都城的建设。

有600多年历史的"聚恩泉"浴室的穹隆顶(金戈摄影)

南京汉中门内有一条堂子街,朱元璋为了解决修城工匠们的洗澡问题,在这里修建了一批澡堂,久而久之,这里就成了洗浴一条街,民间俗称"堂子街"。南京中华门外西街附近的悦来巷已经随着城市建设的进程而拆迁了,但这里还保留着一个具有600多年历史的瓮形澡堂,这个澡堂至今还能正常使用。

这些修城的工匠们将徽派建筑的精髓创新使用在秦淮建筑的风格上。去皖南古民居村落参观过的南京人都会觉得格外亲切,因为他们可以从中看到秦淮建筑的影子。

自古以来,十里秦淮两岸人烟稠密,可谓寸土寸金,所以秦淮民居在修建上总体要比徽派建筑的规制小一号,而傍河人家还要考虑到生活起居以及出行方便,所以"秦淮河房"这一南京特色的民居应运而生。

明末文人张岱在《陶庵梦忆》中是这样描写的:"秦淮河河房,便寓、便交际,房值甚贵而寓之者无虚日。画船箫鼓,去去来来,周折其间。河房之外,家有露台,朱栏绮疏,竹帘纱幔。夏月浴罢,露台杂坐,两岸水楼中,茉莉风起动儿女香甚。"清代余怀在《板桥杂记》中也有描述:"秦淮灯船之盛,天下所无。两岸河房,雕栏画槛,绮窗丝障,十里珠帘。"

今天,夫子庙景区李香君故居陈列馆的主体建筑"媚香楼"是一个秦淮河房的样板间。十里秦淮两岸的街巷是沿秦淮河的走向而蜿蜒修建的,秦淮河房前门临街巷,大多二进或者三进,正门往往都不在主干道上。

李香君故居陈列馆(陈大卫摄影)

河房临水的一进向河面挑出,讲究的河房还修建了河亭或露台,媚香楼的底层修建了专用船坞码头,人可以从室内的通道直接登船。

相邻的两家之间用马头墙隔断而渐次叠落。马头墙因高大且立于两户之间,造型像昂首的马头而得名。马头墙又叫"封火墙",具有一定的防火功能,当邻居家发生火灾时,马头墙可以有效隔断火源,防止火灾进一步蔓延。

粉墙黛瓦、朴素简洁的秦淮河房别有一种雅致、和谐的美，这似乎也体现出南京人包容、低调、内敛的一面。虽然现在我们看到的秦淮河房都是明清时期的建筑形式，如果从南朝齐谢朓的《入朝曲》"江南佳丽地，金陵帝王州。逶迤带绿水，迢递起朱楼"来看，从东吴建都南京之始，秦淮河两岸一直都是繁华的居民区与商业区，所以我们有理由相信，秦淮河房的历史可以追溯到更早的六朝时期。

甘熙宅第

熙熙攘攘的熙南里商业街区如今已经成为南京城南地区一个新的商业中心，店铺林立，餐饮业发达。在商业区的北部，坐落着江南地区最大的民居院落群"甘熙故居"，南京人俗称"甘熙宅第""甘家大院""九十九间半"。

中国古建筑基本都遵循坐北朝南这一布局来进行建造，而甘家大院另辟蹊径，毗邻的四组多进穿堂式建筑群皆是坐南朝北的。

甘家大院是清代道光年间的进士，晚清时期南京著名文人、金石家、藏书家、方志学家甘熙修建的私宅。甘熙一生著作颇丰，其中《白下琐言》更是一本研究南京地方志、掌故笔记、风土人情的重要文献。

甘家大院（顾树荣摄影）

甘熙不但精通地理学,而且精于风水堪舆,他曾先后参与了清代道光皇帝的慕陵地宫的堪选,嘉庆皇帝孝和睿皇后的陵地卜选,咸丰皇帝的定陵堪陵。清代史料记载,昌西陵工程完竣后,甘熙因堪陵有功,不但被加官,还被朝廷奉为一代国师。同年,甘熙再度奉命复勘魏家峪、平安峪。甘熙在为咸丰皇帝堪陵之后三日去世。

甘家大院坐南朝北的格局也是因其家族早年经商,自古商家开门不宜朝南,因而改由坐南朝北,从风水上来说,这样更宜于生意场上逢凶化吉。

甘家大院东南角的花园原有江南地区著名的私家藏书楼"津逮楼",其仿宁波"天一阁"建造,珍藏了十万余卷典籍、金石、书画,后毁于太平天国运动的战火之中。现代重修的新津逮楼,已成为甘家大院的地标性建筑。

甘熙饱读津逮楼藏书,善于把理论化为实践,是一位有见识的地方官员。清道光二十一年(1841年),南京发生水患,很多人都认为应该开后湖(今玄武湖)以通江,甘熙经多方勘察、考证,认为如果开后湖通江,后果将不堪设想,他还特地撰写了《后湖水道考》,将此事的利弊逐一陈述,最终使朝廷放弃了这项工程计划。

甘家大院现在已经成为南京民俗博物馆,人们流连其间,处处能感受到营造者祈盼家族和睦、子孙兴旺的设计理念,以及对居住的实用功能的精巧打造。

民间"九十九间半"的说法,更蕴含了"满招损,谦受益"的低调哲学,整个甘家大院现存300多间房,大小天井庭院36个。

甘家大院民居建筑群既有江南民居的秀朴典雅,又兼具北方建筑的浑厚大气,体现出南北兼容的特色,成为秦淮历史民居的活化石。中国两院院士、著名建筑大师吴良镛称赞甘家大院是"民俗瑰宝"。

慧园里石库门

南京一直被誉为民国建筑博物馆,至今仍完好保存了一大批民国时期的建筑,它们成为这个城市独特的风景。

1929年《首都计划》中的第一住宅区主要是指现在知名度甚高的颐和路公馆区,位置就在今天南京的北京西路、宁海路、江苏路、西康路、宁夏路这一区域。这里不仅是民国时期"国民政府"军政要员、富商名流、外国使节的别墅区,还是民国时期社会和政治生活的一个缩影,民间一直有着"一条颐和路,半部民国史"的说法。

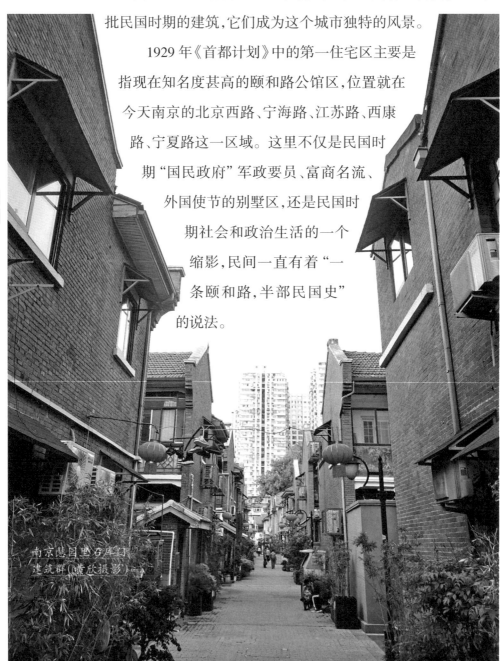

南京慧园里石库门建筑群(黄欣摄影)

南京总统府以西的一片民国时期的住宅区现在已经成为著名的 1912 时尚街区,这里曾经是民国时期政府职员、银行职员和大学教员的住宅区。这里以双联式或连排式两层建筑为主,设有公共休闲区域,建筑的立面简洁,成为中国近现代建筑设计师对低层高密度居住模式探索的典型范例。

南京秦淮区水游城和水平方两个现代商业体建筑的所在地,是元末朱元璋称吴王时的府第所在,人们还能从"旧王府"这个路牌上感受到这里曾经的不寻常。

与此毗邻的慧园街,有一个红砖石库门弄堂,牌楼上面题写着"慧园里"三个字,这里曾经是民国时期银行机构建造的高级职员宿舍区,每栋小楼的风格既统一,又有变化。

老虎窗、坡屋顶、铁艺栏杆的小阳台显得别具一格,22 幢民国时期建造的红墙灰瓦的两层西式小楼,整齐地排列在南北向通道的两侧,里弄似的过道、石料做的门框,当你置身于慧园里的民国建筑群,会有种走进上海石库门里弄的错觉。

金陵名园

建筑在有了为人们遮风避雨的实用功能以后,开始追求优美的居住环境,园林就成了一种新的选择。

南京从六朝时期开始,就出现了很多皇室贵族打造的名苑佳园,那一时期的园林以山水诗为审美导向,追求自然雅致、飘逸脱俗的风格。许多名园随着六朝宫室的荡平而消失在历史的云烟中,后人只能从史籍的文字中去解读它们曾经的风华。

江南园林甲天下,这里一直盛行着文人造园的风气,秦淮河两岸也有一些著名的私家园林。与苏州拙政园和留园、无锡寄畅园并称为"江南四大名园"的南京瞻园,号称"金陵第一园"。

明初,瞻园为开国功臣徐达的魏国公府,一直到了嘉靖时期,徐达的七世孙徐鹏举才建造了西圃花园。万历年间,徐达九世孙徐维志大兴土木,引流为沼,建堂造亭,移花栽木,营造出一方得自然之趣的天地。

清顺治时期,瞻园成为江南行省左布政使署,由私家园林变成了官署花园。乾隆皇帝六下江南,其中两度游览此园,并引用欧阳修的诗句"瞻望玉堂,如在天上",赐名"瞻园",还御笔题了"瞻园"匾额。

乾隆皇帝特别喜爱瞻园,甚至仿瞻园形制在北京长春园的东南角建造了如园。清代吴敬梓在《儒林外史》第五十三回中对瞻园的扇亭有过详细的描写:"只见那园里高高低低都是太湖石堆的玲珑山子,山子上的雪还不曾融尽。徐九公子让陈木南沿着栏杆,曲曲折折,来到亭子上。那亭子是园中最高处,望着那园中几百树梅花,都微微含着红萼。……这亭子虽然如此轩敞,却不见一点寒气袭人。……徐九公子道:'四哥,你不见亭子外面一丈之外雪所不到。这亭子却是先国公在时造的,全是白铜铸成,内中烧了煤火,所以这般温暖。外边怎么有这样所在!'陈木南听了,才知道这个原故。"

扇亭处于瞻园西侧的假山上,为全园的地标性建筑,山下有岁寒亭,周围遍植"岁寒三友"松、竹、

瞻园扇亭(黄欣摄影)

梅,为园中增添了高雅的人文情趣。

扇亭由耐火的白铜铸造,亭下暗道烧置炭火,其由此成了设计巧妙的空调建筑。寒冷的冬日,置身于温暖的扇亭中赏雪、品茗、观梅,真是一种享受。

江南园林讲究叠石理水,太湖盛产的太湖石是文人筑园必不可少的良材,瞻园南、北、西各有两三处由太湖石堆砌而成的假山群。历史学家朱偰曾在《金陵古迹图考》中评价瞻园的叠石:"园以石胜,有最高峰,极其峭拔。"

南京的名园有个特点,就是官署和私园并存,与瞻园差不多情况的还有总统府西侧的煦园,南京人俗称"西花园"。它们能幸存至今,很大程度上是因为有官衙作为保护伞。

明成祖朱棣次子朱高煦被封为"汉王"时,汉王府最初的府址就在今天的总统府附近,所以其门前的道路叫"汉府街",他的王府花园叫"煦园",这只是煦园得名的一种说法。

清朝时,汉王府被改为两江总督府,南面还设置了江宁织造署,煦园就成了两江总督府的花园,康熙六次南巡,其中五次驻跸江宁织造署。

瞻园北假山（王腾摄影）

乾隆首次南巡时,当时的两江总督尹继善为了迎接圣驾,将江宁织造署西部扩大为行宫,并把两江总督府的西花园改为行宫花园,乾隆皇帝对此十分满意,之后五次南巡都驻跸这里,这使得两江总督府的西花园名声大噪。

煦园的真正得名来源于清中后期的大学士英和。英和是清代著名的书法家,与曾任江苏巡抚的陶澍、两江总督的琦善私交甚笃。道光年间,两江总督府的西花园重修之时,英和担任江南考官,恰好居住在两江总督府,英和受邀题写园名,于是他就取了自己的号"煦斋"中的第一个字为园名。

太平湖不系舟(王腾摄影)

煦园面积不大,却以水景取胜,它以园中湖水为中轴线,所有建筑亭轩南北相向、东西相对而建。园中的湖水因形似宝瓶,故取名为"宝瓶湖",也称"太平湖"。

湖北面的宝瓶口有漪澜阁,湖中有一形似江船的石舫,其成为煦园的标志性景点,是当年两江总督尹继善为乾隆第二次南巡接驾时修建的。石舫与湖岸相连,底部全部由青石搭砌,直接置于湖底,船舱部分为木质结构,雕花和彩绘极其精美。乾隆皇帝对此十分赞赏,御笔题写"不系舟",寓意太平盛世,江山永固。

湖东侧的忘飞阁与湖西边的夕佳楼隔水相望,煦园借水取景,精致曼妙之外还以碑刻闻名,夕佳楼旁廊道的墙壁上就镶嵌着两块斑驳的石碑。

《天发神谶碑》是现世仅存的东吴时期的一块石碑,碑文内容是东吴末主孙皓为维护其统治,伪称天降神谶而刻,史载为三国时期著名书法家皇象所书。

《天发神谶碑》最早发现于秦淮河南岸的天禧寺(今大报恩寺)一带,出土时已经断为三截,又称"三段碑",明代嘉靖年间迁至尊经阁(今南京夫子庙学宫),为中国十大古碑之一,在清代嘉庆十八年(1813年)的一场大火中被烧毁。

清代两江总督端方爱好金石碑刻,命人按宋代拓本复刻了《天发神谶碑》,嵌于煦园的墙上。古碑被刷上了厚厚的石灰,虽然经历了战乱,但得以保存完好至今。

尽管《天发神谶碑》的内容荒诞无稽,可其书法艺术却颇具特色,有很高的研究价值。康有为曾经评价其"奇伟惊世""笔力伟冠古今"。碑上面的书法体是中国书法史上一种短暂流行过的字体,被称为"垂珠篆"。《红楼梦》第四十一回中,就有林黛玉喝茶杯子上刻着三个垂珠篆字"点犀盉"的描写。

《天发神谶碑》部分内容(黄欣摄影)

南京出土的东晋
陶牛车和陶俑群
（黄欣摄影）

夜泊秦淮

都是牛车惹的祸

南京市博物馆展出的六朝建康城的砖石马路被称为"南京第一路"，让人沉浸式地体验了一下走在"飞甍夹驰道，垂杨荫御沟"（南朝齐谢朓《入朝曲》）建康城街头的感觉。

六朝时期，人们主要的出行工具是肩舆、车、船，在这一时期出土的各种文物中，我们可以看到很多陶牛车及陶俑群。

《世说新语·言语》中记载："宣武移镇南州，制街衢平直。人谓王东亭曰：'丞相初营建康，无所因承，而制置纡曲，方此为劣。'东亭曰：'此丞相乃所以为巧。江左地促，不如中国；若使阡陌条畅，则一览而尽。故纡余委曲，若不可测。'"

有人对东晋开国功臣王导的孙子王珣说，王导当初修筑建康城时，没有现成的图样可以仿效，所以把路修得弯弯曲曲的。王珣却说王导因地制宜，把路修得曲折迂回，这样规划非常巧妙。

建康城里的路况显然不适合信马由缰，策马奔腾，那么稳当的牛车就成了豪门贵族出行的主流交通工具。

牛车出行虽然稳当舒适，但也有一个缺点，那就是车速太慢。可是那些名士贵胄们根本不需要赶时间,反正他们有大把的时光可以消磨。

从这一时期出土的女陶俑的造型来看,她们都梳着高大的发髻,她们只有坐在缓慢的牛车上,才能保持发型不致被风吹得凌乱。

魏晋时期,中国历史上出现了很多著名的美男子,如嵇康、潘安、何晏、沈约、卫玠等,各种典籍、史料着墨强调男子的美貌,大都集中在这一时期。

举个"看杀卫玠"的例子。卫玠是东晋时期著名的玄学家、清谈名士,官至太子洗马,是个从小帅到大的孩子。

《晋书·卷三十六·列传第六》中记载:"玠字叔宝,年五岁,风神秀异。祖父瓘曰:'此儿有异于众,顾吾年老,不见其成长耳!'总角乘羊车入市,见者皆以为玉人,观之者倾都。骠骑将军王济,玠之舅也,俊爽有风姿,每见玠,辄叹曰:'珠玉在侧,觉我形秽。'又尝语人曰:'与玠同游,同若明珠之在侧,朗然照人。'及长,好言玄理。其后多病体羸,母恒禁其语。遇有胜日,亲友时请一言,无不咨嗟,以为入微。琅邪王澄有高名,少所推服,每闻玠言,辄叹息绝倒。故时人为之语曰:'卫玠谈道,平子绝倒。'澄及王玄、王济并有盛名,皆出玠下,世云'王家三子,不如卫家一儿。'玠妻父乐广,有海内重名,议者以为'妇公冰清,女婿玉润'。"

书中罕见地、大量地使用了"风神秀异""以为玉人""倾都""珠玉在侧""冰清""玉润"这样超常规的词汇来形容一个男子的美貌,说明卫玠的美貌已经超出了人类的认知。

也许是天妒其美貌,卫玠虽然生得貌美,却从小身体羸弱。西晋永嘉六年(312 年),27 岁的卫玠从江夏来到建业(今南京),

他的到来引起了轰动，人们争先恐后地想要一睹绝世美男的风采。

在一次出行中，层层围观的人们将卫玠的牛车围得水泄不通。也许是受到了惊吓，也许是不堪重负，身心俱疲的卫玠回到家中后不久就去世了。

一路水程到丹阳

在南京周边的乡村农田里，有不少巨型的神兽石刻雕像，这些神兽被称为"辟邪""天禄""麒麟"。

它们雕刻精美、身姿矫健，一直保持着昂首吐舌的姿态，仿佛在吸收着天地的精华。这些石兽就是六朝时期帝王陵墓神道前的石雕，历史学家把它们统称为"南朝石刻"。

如果仔细辨认，石兽头顶有双角的是天禄，独角的是麒麟，而辟邪则是无角的。六朝时期，帝王陵墓有着严格的等级之分，帝陵才能使用天禄、麒麟，而辟邪只能用在王侯级别的陵墓里。

南朝石刻（李杰摄影）

南京地区的南朝石刻以辟邪居多，南京曾经的市徽就是一个辟邪图案，辟邪成了南京城的吉祥物。

南朝齐、梁时期的统治者萧氏家族在晋代衣冠南渡时，迁居至丹阳地区的南徐州(今镇江),因此丹阳成了萧氏家族的祖居地,齐、梁两代的帝王陵大都安葬在镇江丹阳地区。

丹阳陵区的入口处叫"陵口",在陵口方圆约 60 千米的范围内,有齐、梁两朝的帝陵 11 座。丹阳地区的方志史料记载,齐、梁两代的王子公卿谒陵,都从方山脚下的秦淮河登船,直达丹阳运河,然后从陵口经萧港直达各陵。

划过千年的桨

一支划过岁月、穿越时空、来自六朝的桨,为我们展现了风姿绰约、十里珠帘的繁华景象。"烟笼寒水月笼沙,夜泊秦淮近酒家"(杜牧《泊秦淮》),秦淮河上穿梭而行的灯船画舫,如点点繁星照亮了文学的天空。

秦淮画舫又称"秦淮灯船",大量明清时期的文学作品中都有关于秦淮灯船的描写,其中明代"竟陵派"代表文人钟惺的《秦

秦淮画舫(顾树荣摄影)

淮灯船赋序》则可以成为评价秦淮灯船的范文:"小舫可四五十只,周以雕槛,覆以翠帷。每舫载二十许人,人习鼓吹,皆少年场中人也。悬羊角灯于两傍,略如舫中人数,流苏缀之。用绳联舟,令其衔尾,有若一舫,火举伎作,如烛龙焉。已散之,又如凫雁蹁跹波间,望之皆出于火,直得一赋耳。"

史载钟惺为人严冷如霜,性格内向,他却对秦淮灯船给予了高度评价。

南京人船游秦淮的习俗可以追溯到六朝时期,而秦淮河上的游船也随着历史的进程不断地改变着自己的时代特征。

秦淮画舫与秦淮河,两者相互映衬,产生了奇妙的化学反应。

从小火车到水上机场

一提到秦淮河,人们的第一印象往往是画舫如织,流光溢彩,可秦淮河开中国现代化交通之先的这段过往却不应该被遗忘。

1907年,两江总督端方上奏清廷,提议在南京修筑一条从下关经金川门入城,而后直达城南的铁路,得到了清廷的批准。

端方是晚清时少数有作为的官员,也是中国新式教育的创始人之一。他在代任两江总督期间,在南京鼓楼创办了暨南学堂;在任江苏巡抚期间,他革除陋习,下令将各地送给新任官员的红包全数退回,并用此经费选派两名当地学生出国留学。

端方还是中国第一所幼儿园和第一批省立图书馆的创办人,他曾派出20多名女孩赴日本学习师范教育。光绪三十一年(1905年),端方赴欧美各国考察,在考察期间,他看到国外的大城市都在普及民众教育,并均设有官方公共藏书机构,这些都让

1930 年的三汉河水上机场（图来自南京出版社《守望南京》）

他耳目一新。

次年回国后，端方奏请清廷设立公共藏书机构——图书馆，他也成为近代公共图书馆事业的开创者，中国最早的官办公共图书馆之一江南图书馆（今南京图书馆）就是端方创办的。

南京小铁路工程从 1907 年 11 月开始动工，到 1908 年 12 月完工，1909 年 1 月正式通车，名为"宁省铁路"。这条铁路曾串起南京的城南、城北，一度成为南京市民出行的首选方式，也成为当时中国城市轨道交通的先驱。

时代进程的脚步越来越快，小火车已经不能适应现代城市的发展，逐渐被现代化的城市轨道交通所取代，曾经的小火车成为几代"老秦淮"的回忆。

民国时期，南京交通除了陆路、水路，航空也已经十分发达了，南京地区先后出现过 9 个机场。

最早的小营机场建于 1912 年，在当时也是设备先进、领先全国的机场，放眼全球也不算落后。

在这些机场中，三汊河水上机场显得尤为特别。三汊河水上机场建于1930年，是中美合资航空公司兴办的民用机场，使用"络宁式"水陆两用型飞机。机场设有风标、气压表、寒暑表等气象设备和200瓦无线电短波电台通信设备。乘客可由此飞往上海、九江、汉口、重庆等地，三汊河水上机场直到1937年才停止使用。

除了三汊河水上机场之外，当时最有影响力的机场当属明故宫机场和大校场机场。明故宫机场因为一起空难事件而闻名全国。

1931年11月19日，一架史汀森SM-1F（Stinson Detroiter）七座邮政飞机"济南号"从南京明故宫机场起飞，飞往北平（今北京）的南苑机场。飞机飞至山东济南党家庄附近时，遭遇大雾而失事。机上两名驾驶员与一名乘客全数遇难，这唯一的乘客就是著名的新月派诗人、散文家徐志摩。

1949年4月23日，"代总统"李宗仁匆匆赶至明故宫机场，搭乘专机飞离南京。就在这一天，中国人民解放军解放了南京，秦淮河的天空随即翻开了崭新的一页。

盛世灯彩

2015 年底，南京城墙保护管理中心策划了"城门挂春联，南京开门红"活动，新华报业传媒集团旗下所有媒体平台面向全球发布征集南京城门春联的"英雄帖"。

2016 年 1 月 24 日这一天，南京明城墙中华门挂出了首副年味十足的春联："报恩祈福，揽胜泛舟，天悬丽日三千丈。聚宝布新，申遗圆梦，春满中华第一门。"其创造性地将具有 600 多年历史的南京明城墙这一文化遗产瑰宝，与传承千年的诗词文化、楹联文化、书法文化巧妙融合。

"城门挂春联，南京开门红"活动在春节这一传统佳节中呈现，成了一个形式新颖的、深受南京市民喜爱的新民俗、新年俗。2023 年，第八季城门挂春联活动又首次增加了"新苗奖"，让青少年参与其中，这使得中华传统文化被更多人看见、了解和喜爱，从而得到更好的传承与发扬。

每当春节临近，腊月二十三这一天，"秦淮灯会"亮灯仪式都会如期而至，这标志着南京人的春节已经正式拉开了序幕。

"娃娃哎，出来玩灯喽，不要你的红，不要你的绿（lǜ），只要你的红蜡烛。"在秦淮河边长大的南京人，小时候大多会唱这首

明城墙挂上春联
（王腾摄影）

儿歌，春节看花灯的习俗已经根植在一代代南京人的心中。

秦淮灯彩的历史可追溯到 1700 多年前的三国东吴时期，西域康居国僧人康僧会来到建业弘法，孙权为其修建了寺庙"建初寺"，在表佛和岁时节庆时张灯结彩。

当时诸葛亮发明的孔明灯也被广泛运用。孔明灯与现代灯笼的区别是，灯的顶部封闭，只在下方开一个口，可以点燃松脂，再利用空气加热后动力上升的原理，使灯笼飞向高空，刚开始多用于军事侦察。从蜀地传来的织锦技术促进了江南丝织业的发展，也为灯彩的发展提供了良好的基础。

魏晋南北朝时期，灯彩逐渐走向民间大众，民间开始举办元宵灯会。东晋时，南京出现关于灯彩的文献记载，在元宵节的这一天，建康城皇宫内张灯结彩，居于秦淮河两岸如王导、谢安等世家大族的宅邸也纷纷效仿，挂出各种花灯。

东晋习凿齿有《咏灯笼》诗云，"煌煌闲夜灯，修修树间亮。灯随风炜烨，风与灯升降"，秦淮河上灯火倒映，宛若白昼。"灯火满市井"成为一时盛景。

永初元年（420 年），南朝宋开国皇帝宋武帝刘裕在建康城皇宫内悬挂用葛布制成的灯笼,这种灯既能用于照明,又可供节日观赏。

梁简文帝萧纲写有《灯赋》《正月八日燃灯应令》等诗,记录了当时灯会繁盛的场景。

初唐之后,南京地区的社会生产开始恢复,秦淮河两岸逐渐繁华起来。唐代的统治者大力提倡元宵节观灯活动,而且将观灯的时间由原来的元宵节一天改为从农历正月十四到正月十六,共计三天,老百姓可以畅游灯海,普天同庆。

这一时期,运渎附近的笪桥一带已经开始有扎灯的艺人聚居,这里出现了南京最早的元宵节灯市。

北宋初期,宋太祖将元宵节的观灯时间又增加了农历正月十七、十八两天。南宋淳祐三年(1243年),元宵节假期又增加了农历正月十三一天,共计六天。

随着当时火药技术的应用,元宵节燃放烟花又更进一步地拉满了节日喜庆的氛围。

南宋淳熙元年(1174年),辛弃疾调任建康,任江东安抚司参议官,次年的元宵节他写下了《青玉案·元夕》:"东风夜放花千树。更吹落,星如雨。宝马雕车香满路。凤箫声动,玉壶光转,一夜鱼龙舞。蛾儿雪柳黄金缕。笑语盈盈暗香去。众里寻他千百度。蓦然回首,那人却在,灯火阑珊处。"

同时期的南宋诗人范成大写下绝句:"春前腊后天好晴,已向街头作灯市。叠玉千丝似鬼工,剪罗万眼人力穷。"这些诗词都描写出了秦淮灯会的盛况,宋朝时期的秦淮灯彩已经有了羊皮灯、走马灯、无骨灯、珠子灯等诸多品种。

明代是秦淮灯会的全盛时期,开国皇帝朱元璋建都南京后,为营造盛世氛围,竭力提倡灯节盛事,甚至将每年元宵节的张灯时间再次延长,即从农历正月初八上灯,一直到农历正月十八落灯,共计十天,这成为中国古代历史上最长灯节。

每逢农历新年,元宵前后,秦淮河畔处处张灯结彩、欢歌笑语,家家走桥,人人看灯。明成祖朱棣也倡导灯会,集中能工巧匠,在皇宫午门外扎制了美轮美奂的"鳌山万岁灯",任臣民赴午门外观灯三天,令人叹为观止。

秦淮灯会(陈大卫 摄影)

随着科举考场"江南贡院"在秦淮河畔建立,商铺客栈、茶馆酒肆、歌楼舞榭应运而生,十里秦淮地区形成了庙、市合一的独特格局,秦淮河地区变得愈加繁华热闹,"秦淮灯彩甲天下"的美誉由此蜚声天下。

这一时期,秦淮灯彩又出现了虎灯、蛤蟆灯、鱼灯、虾灯、荷花灯等,灯彩的制作水平也是全国一流。

《红楼梦》第十八回中有元妃省亲的情节描写:"贾妃乃下舆,只见清流一带,势如游龙,两边石栏上,皆系水晶玻璃各色风灯,点的如银花雪浪;上面柳杏诸树虽无花叶,然皆用通草绸绫纸绢依势作成,粘于枝上的,每一株悬灯数盏;更兼池中荷荇凫鹭之属,亦皆系螺蚌羽毛之类作就的。诸灯上下争辉,真系玻璃世界,珠宝乾坤。"

这也暗写出了康熙南巡时微服游赏秦淮灯会的场景,清初画家王石谷等人绘制的《康熙南巡图》,就反映出康熙第二次南巡时整个南京城张灯结彩的节日盛景。

对于南京人来说,年大于天,灯大于年,过年不到夫子庙买上一盏花灯,等于没有过好年。1977 年春节,夫子庙灯市再次开放,这一南京传统习俗又重新恢复,夫子庙挤满了前来观灯的市民和游客。

1986 年,南京市秦淮区政府在夫子庙大成殿和明德堂组织了金陵灯会活动,秦淮灯会重新在秦淮河畔焕发生机。

南京秦淮区立足于一方文化沃土,打造了一批非遗特色校园。南京市武定新村小学是首批秦淮区非遗特色学校,成了秦淮灯彩文化传承基地。学校内有江苏省唯一的校园花灯历史展览馆——秦淮灯彩稚趣馆,千年花灯史在这里得以全面展示。

参观过展馆的人无不感受到秦淮灯彩的文化魅力。在秦淮灯彩非遗传承人的指导下,孩子们利用废旧材料,变废为宝,制作出一批既保留传统花灯风貌,又富有科技创新、低碳环保理念的秦淮新灯彩。

秦淮灯会作为南京最重要的民俗文化活动,是南京历史文化和民俗文化延续和传承的重要载体,具有很大的历史意义、人文价值、经济价值、社会影响,它已成为秦淮河文化的重要组成部分。

2006 年 5 月,秦淮灯会被列入第一批国家级非物质文化遗产名录。

白局乡音

2019 年 12 月,在南京大学海外教育学院的一次国际交流活动上,南京小伙夏天老师给来自不同国家的留学生们上了一堂别具风格的语言交流课。"说南京,唱南京,南京方言儿化音,今(ger)个明(mer)个昨(co)个前(cer)个后(her)个……"

夏天用 Rap(流行于西方的说唱音乐,节奏快而强,配有快速念白的现代音乐)的节奏,配以纯正的南京方言,一下子点燃了课堂气氛,不同肤色的留学生们被这种南京节奏所吸引,纷纷跟着学唱起来。

一个英国女学生在夏天的指导下用英语翻唱,她开始还有点儿紧张,可是随着二胡伴奏声的响起,她一下子就找到了感觉:"Today(ger),tomorrow(mer),yesterday(co),before(cer),after(her)……"一时间,全场掌声雷动,气氛推向高潮。

无疑,这是一次非常成功的中外文化交流体验,根植于南京本土的语言艺术一下子找到了国际知音。夏天老师向留学生们介绍,这是一种至今已有 600 多年历史、南京地区唯一用民间方言说唱的古老曲种——南京白局。

追溯南京白局的历史,元曲曲牌中的"南京调"是白局的古腔本调,已有 700 多年的历史。元代的统治者非常重视织锦产业的发展,在南京设置了东、西织染局,南京云锦的织造和生产开始有了规模化、产业化的势头,这一时期,云锦机房遍布秦淮河两岸,南京白局就是脱胎于云锦机房的一种民间腔调。

云锦的大花楼木织机高 3 米左右,相当于一层楼高,由两个织工配合操作,顶上坐一个人,称为"拽花工",下方坐一个人,称为"织手"。

织锦是一项极为烦琐的精细活儿,就算是熟练工,独立完成一件锦衣也要两三年的时间。如何排遣单调重复的动作带来的枯燥和疲乏感,织锦机房里的织工们开启了快乐工作的法则。开始时,织工们只是自娱自乐地唱一些小曲、方言调子,题材多半轻松诙谐,之后,织工们唱的曲子逐步发展成为南京地区独有的曲艺曲种。后来,织工们每唱一次,便被称为"摆一局",演出时也分文不取,白唱一局就形成了"南京白局"。

南京白局因为非常

传统南京白局演出形式(夏天供图)

云锦大花楼木织机(齐琪摄影)

贴近大众的生活,歌唱的内容也都以身边的人或事为主,南京味儿还特足,所以很快赢得了老百姓的青睐,在民间非常具有群众基础。

南京白局的曲牌大多来自明清俗曲和江南民调,富有浓郁的江南特色,也很朗朗上口。其伴奏多采用江南丝竹乐器,如二胡、琵琶、三弦、竹笛等,再配上板鼓、碟盘、酒盅等特色打击道具,表演起来十分生动有趣。

《红楼梦》的创作背景和南京江宁织造署渊源颇深,自曹玺出任江宁织造以来,曹家三四代人皆在南京为官,前后生活60多年,作者曹雪芹对于云锦织造的行业概况非常熟悉。

《红楼梦》里总是会冒出很多南京方言,很难说曹雪芹没有受到南京白局的影响。

曹雪芹还发明了"按音借字",以这样的方式"创造"了一批词。

如果按照南京方言的"土话"发音,很多方言都是有音无字的,于是,曹雪芹就从常用的汉字里找出相近的发音,以此来代指有音无字的方言词。

比如,南京话把"唠叨"说成"sáo","sáo"原本没有相对应的字,而《红楼梦》第二十四回"贾芸听他韶刀的不堪"中,曹雪芹按照南京方言中的音,借用了"韶"这个字。

《红楼梦》第六十三回:"你一天不挨他两句硬话村你,你再过不去。"南京方言中,把说话怼人,拿话呛人、堵人叫作"cèn"。《红楼梦》中借用"村"来让"cèn"落于纸笔。

《红楼梦》里还使用了大量的南京俚语。

《红楼梦》第十八回:"黛玉被宝玉缠不过,只得起来道:'你的意思不叫我安生,我就离了你。'"南京有句俚语叫"眼睛一睁,不得安生",是指小孩子早晨一醒,就动个不停。因此,"安生"一词在南京话里指安静、安定。

《红楼梦》第九回:"茗烟在窗外道:'他是东胡同子里璜大奶奶的侄儿。那是什么硬正仗腰子的,也来唬我们。'""硬正"读作"èn zēn",表示强硬、不服软等意思,现在多写成"恩正"。

《红楼梦》第五十回:"已预备下希嫩的野鸡,请用晚饭去。"南京俚语中,常常用"希"来表示非常的意思。比如:煮得希烂,就表示煮得非常非常烂,现在多写成"稀"。

1964年,电影《三笑》一上映,就立刻风靡全国。这部电影中的很多伴唱曲都成为人们传唱的经典,而这些曲调大都出自南京白局,例如大家熟悉的《夸夸调》《道情调》等。

南京白局常用的曲牌主要有:《满江红》《银纽丝》《穿心调》《数板》《梳妆台》《剪剪花》《下河调》《汉阳调》等,它们形成了近百个"曲牌联缀体"。

2011年,著名电影导演张艺谋在其影片《金陵十三钗》开拍

1. 国家级非遗南京白局代表性传承人徐春华（夏天供图）
2. 南京娃唱白局（南京市考棚小学供图）

前一年,就聘请了国家级非遗南京白局代表性传承人徐春华为剧中的女演员们进行"老南京话"的培训。

剧中的南京籍演员也无一例外地参加了培训,"回炉"升级自己的南京话。电影公映后,南京话以及南京白局再一次成了热门话题。

南京白局的古韵新声是中国非遗文化传承发展的一个缩影。2018年,南京市教育系统在南京白局入选国家级非遗十周年之际,成立了"南京白局"校际联盟,作为南京白局发源地的秦淮区的教育部门更是将南京白局这一秦淮特色传统文化纳入校本课程,南京市考棚小学白局社团的同学们也成为远近闻名的白局宣传大使。

随着南京白局影响力的不断扩大,越来越多的南京中小学、幼儿园都加入白局乡音保护和传承的队伍中来。新一代的以夏天为代表的南京白局传承人也正致力于将这一古老的地方曲艺向更为广阔的传播环境发展。

南京白局歌唱的内容也更加多元,抒金陵美景,唱秦淮风光,讲时代风貌,他们甚至吸收了Rap、苏州评弹等其他曲艺的优点,打造着具有新时代特色的南京白局。

2008年6月,南京白局被列入第二批国家级非物质文化遗产名录。

水陆八仙

"南京人不识宝，一口米饭一口草。""南京人一大怪，不爱荤菜爱野菜。"这些是南京民间口口相传的市井俚语。

初春时节，你随便走进一家秦淮河边的菜市场，都会看见各种时鲜的菜蔬红绿水灵，往往你稍一迟疑，就会被前面的大妈抢占先机，将筐里的菜全部买走。南京人凭实力告诉你，我们就爱这个味。

如果说南京人只吃野菜，这个观点有些偏颇，事实上是南京人爱吃包括野菜在内的一切蔬菜，而且南京人会将蔬菜统称为"素菜"。仔细琢磨一下，在南京方言里，"蔬"与"素"发音相近，所以将两者混为一谈，对南京人来说也没什么大惊小怪。

南京人喜食素食是从六朝时期开始的，杜牧有诗"南朝四百八十寺，多少楼台烟雨中"，南京城内佛教兴盛，寺庙众多，梁武帝萧衍笃信佛教，在位时就有过四次出家的经历。

所以这一时期，南京形成了宫廷素食、寺院素食、民间素食争相竞技的格局，素食也塑造了南京人这一独特的饮食习惯，所以就不难理解南京人对素菜的那份热情与偏爱了。

南京人的素菜谱系还细分为以水、陆八仙（鲜）为代表的两大派系。水八鲜就是指茭白、莼菜、莲藕、水芹、芡实、慈姑、荸荠和红菱这八种水生植物。

秦淮河入江口区域池沼、河塘星罗棋布，是水生植物良好的生长场所，而浅水沼泽则为水八鲜提供了得天独厚的生长环境。

南京水西门下浮桥南侧有个菱角市，明清时期，这里是菱、藕集贸市场，并因此而得名。当年，从水西门外至中华门外，有许多从事水八鲜交易的八鲜行。

水西门处于内、外秦淮河交汇口的下水门，附近的南湖、莫愁湖、江东门、沙洲圩、棉花堤等地都是南京地区农副产品的集中产区，这一地区逐步形成了水产、蔬菜、瓜果等农副产品的集散地，八鲜产业形成了规模。

1

李白诗中"三山半落青天外，二水中分白鹭洲"的沙洲圩地区也是著名的水八鲜产地，南京人对沙洲圩出产的水八鲜评价很高，觉得这里出产的水八鲜较之别处更为鲜嫩、香甜。

有人专门拿玄武湖、莫愁湖出产的莲藕来和沙洲圩的相比较，发现沙洲圩的藕有九孔十三丝，而其他地方的藕都只有七孔九丝，沙洲圩的藕无论是生吃还是熟吃，口感都十分爽脆，而且没有食渣。南京人爱吃的糖粥藕、糖芋苗、赤豆桂花酒酿元宵这些小吃里，都有水八鲜作为原材料。

南京人的饮食习惯讲究应"时"应"节"，什么节气时令吃什么，形成了一种约定俗成的饮食观念。南京的老人常说"鲜鱼水菜"，这也是对食材讲究宜"早"宜"鲜"的一种态度。

与水八鲜对应的陆八鲜是指芦蒿、香椿头、马兰头、豌豆头、荠菜头、枸杞头、苜蓿头、菊花脑。陆八鲜大都是春天生长在田野的野菜，是南京人所谓的"七头一脑"。不明所以的外地食客在尝过这些野菜的味道后纷纷摇头，他们不明白这些又苦又涩的菜究竟美味在哪里。

每次一说到南京的美食，就会想到《红楼梦》，该书作者曹雪

1. 蔬食美食家高家风原创"荷风八仙"（周小妹供图）
2. 马兰头小笼包（高首供图）
3. 南京什锦菜（吴江摄影）

芹是个从小在南京长大的孩子，他在书里写了些只有南京人才能读懂的内容。

《红楼梦》第六十一回中，迎春的丫鬟莲花儿和大观园小厨房的总厨柳家婶子发生了争吵，从两人的吵架对话中，我们了解到南京人爱吃野菜这一习惯。

"前儿小燕来，说'晴雯姐姐要吃芦蒿'，你怎么忙的还问肉炒鸡炒？小燕说'荤的因不好才另叫你炒个面筋的，少搁油才好'。"这里说到的"芦蒿"，就是南京人爱吃的八卦洲芦蒿，而芦蒿炒干子是比较标准的食材搭配，也是南京人的家常菜之一。

"也像大厨房里预备老太太的饭，把天下所有的菜蔬用水牌写了，天天转着吃，吃到一个月现算倒好。连前儿三姑娘和宝

姑娘偶然商议了要吃个油盐炒枸杞芽儿来,现打发个姐儿拿着五百钱来给我。"这里又说了贾母喜欢吃蔬菜,而且讲究到要把各种菜名写在水牌上,提醒厨房每天换着烧。

探春和宝钗喜欢吃的油盐炒枸杞芽儿,就是南京人春天爱吃的野菜枸杞头,且连烹制的方式也是南京人所谓的清炒,就是简单地用油和盐炒菜,为的就是要吃出野菜本身的清香。

在南京人的记忆中,一定会有一个温馨的场景出现:春节前,南京的妈妈们都会拿出家里的搪瓷脸盆,用来盛放她们的拿手好菜——什锦菜。

在南京人的眼里,没有什锦菜的春节是不完整的。民国时期,南京文人潘宗鼎在《金陵岁时记》中是这样描述的:"十景菜:除夕人家,以酱姜瓜、胡萝卜、金针菜、木耳、冬笋、白芹、酱油干、百页、面筋十色,细切成丝,以油炒之,谓之十景。又有所谓安乐菜者,干马齿苋也;如意菜者,黄豆芽也。盖取义吉祥尔。"

什锦菜不但讲究蔬菜和豆制品之间的口感协调,还注重蔬菜间的色彩搭配,赤橙黄绿,黑白相间,摆在席上也能成为焦点。

什锦菜还包含着十全十美、锦绣吉祥的美好寓意。其中黄豆芽形似如意,寓意"事事如意";荠菜音似"聚财",寓意招财;芹菜读音与"勤快"相近,取"勤劳致富"之意等。什锦菜成为南京人心目中不可缺少的存在。

南京太平南路绿柳居素菜馆的外卖窗口,每天都会排着长长的队伍,这成了南京城里一道靓丽的风景线。1912年,在秦淮河桃叶渡的旁边,只有三五桌规模的素食店开在了绿杨柳荫处。

色泽碧绿的素菜与绿柳相辉映,甚至店铺的整体风格都以绿色为主,百年名店"绿柳居"从此成了一代代南京人的饕餮胜地。

清代光绪年间,绿柳居第一代掌厨人陈炳钰在清宫"素局"专职从事宫廷素食烹制。他返乡后,进入绿柳居,将宫廷素食烹制技艺和珍贵菜谱带到绿柳居,从而为绿柳居素食烹制技艺的形成和发展奠定了重要基础。

绿柳居招牌素菜包是深受南京市民喜爱的家常点心,馅料用江南特有的矮脚黄青菜、香菇、笋、豆腐干、芝麻、金针菇等几十种原料调配而成,成品包子外皮白嫩,馅心碧绿、略香微甜。

绿柳居除了将南京人喜欢的水、陆八鲜应"时"应"节"地做成美食,更是展现了其烹饪一绝——素菜荤做。绿柳居烹制技艺的特点是"象形"。宫廷酥脆鳝、双味酥刀鱼、西兰扒素鲍、八宝玲珑鸭……光是听到这些菜名,都会让人觉得这是一桌美食盛宴。

一道道看上去极像荤菜的美味,实际上都是用素菜精雕细琢而成,素食鳝丝的主材是香菇,酥刀鱼的主材是豆腐皮包山药泥,而鲍鱼的主材却是白灵菇等。

素菜荤做费时费工,每一道菜的背后都包含了厨师的细心和严谨。金盏鸽蛋、猴头海参、素鲍鱼、素火腿等菜品均栩栩如生、令人叹绝,菜肴逼真的造型给食客们增添了不少食趣。常有人会在品尝美食的同时发出惊叹:"啊,原来是这个!"

2021年5月,南京绿柳居素食烹制技艺被列入第五批国家级非物质文化遗产代表性项目名录。

雨花松针

元代萨都剌在《满江红·金陵怀古》中写到,"到如今,只有蒋山青,秦淮碧",道出了南京绿水青山的生态环境。

一亿五千万年前,江南地区发生了剧烈的地壳运动,南京城东南一带的岩层受到挤压的作用,产生了抬升和断裂,于是钟山就从地面上屹立而起,形成了宁镇山脉的最高峰。

钟山北侧的砂岩和页岩,经长期风化、剥蚀后,形成断崖峭壁,山顶的岩石在阳光的照射下呈现出紫中泛金的色彩,所以它又叫"紫金山"。

钟山,北衔长江水,南依秦淮河,钟灵毓秀正如其名,地理、气候和土壤都十分利于植物的生长,600多种温带、亚热带植物交织成的针叶、阔叶混交植被构成了钟山绚丽多姿的森林景观,也

云雾缥缈的紫金山(顾树荣摄影)

形成了南京独特的山水城林格局。钟山,尤其适合茶树的生长。

钟山上生长着一种野生茶树,南朝时,钟山开善寺的僧人常去山中采茶,然后制茶。自此以后,南京地区的种茶、采茶、制茶形成了一定的规模。

1951年的雨花茶制作工具(陈盛峰供图)

民国时期的文人张通之在《白门食谱》中记载:"钟山,即紫金山。山中产茶曰云雾,今不易得。闻昔人以此茶,取山中一勺泉水,拾山上之松毯,煮而食之,舌本生津,任何茶不能及也。"这种茶因产于钟山云雾缭绕处,所以被称为"钟山云雾茶"。

清代文人采蘅子在《虫鸣漫录》中对钟山云雾茶也有过具体的记载:钟山山顶白云寺有位借居的书生与寺僧交情深厚,临行前,僧人十分小心地包了一小包云雾茶相赠。书生因不懂茶,回家后便随手放在书架上。有金陵知府派人遍寻云雾茶不得,书生闻讯后,想起寺僧的赠物,从书架上取下小纸包,打开一看,茶的色香依然未变,便将茶献给了知府。知府见到此茶,大喜过望,以两千两银子作为酬金。书生这才知道,钟山云雾茶不是凡物,是茶中珍品。

中国是茶树的原产地,世界各地产茶国的茶树均由中国直接或间接输出。1833年,英国从中国湖南购买大量茶籽,并聘请中国种茶、制茶技工去印度指导传经,后又移种锡兰(斯里兰卡),不断扩大茶叶生产规模。

英国人还使用化学技术研究茶叶的色泽、香味,改良生产机器,茶叶制作流程中的碾、切、烘、筛全部由机器代替手工操作,大大提升了茶叶的产量,低成本、大产量的英国茶对中国茶产生了不小的影响。

1905 年,清政府两江总督周馥派郑世璜等 6 位专家到印度、锡兰(斯里兰卡)考察当地茶业。郑世璜回国后,向周馥递呈了《考察锡兰、印度茶务并烟土税则清折》。文中对印度、锡兰两国的种茶历史和地理、茶场茶山、制茶流程、茶业运作等逐一进行了具体而又全面的介绍,这也对中国茶业的改革和发展起到了非常重要的作用。

郑世璜在上奏建言的同时,也积极行动起来。1907 年,他管辖的江南商务局在南京紫金山麓的霹雷涧设立了江南植茶公所,在钟山南麓灵谷寺附近开建了新式茶园。

江南植茶公所是一个茶叶试验与茶叶生产相结合的国家经营机构,也是中国第一个茶研究机构,被视为茶科技的发端。虽然这个机构在辛亥革命后因战乱停业了,但茶树的种植并没有停止。

1929 年,孙中山先生灵柩奉安紫金山后,当时的总理陵园管理委员会园林管理处在紫金山东沟开拓茶园约 0.3 公顷。1931 年,宋美龄为了点缀中山陵园的周边环境和发展茶业,派人在灵谷寺、梅花山、小红山官邸一带种植从全国各地引进的优质茶种。

1958 年,为了向中华人民共和国成立十周年献礼,江苏省委、省政府决定研制一款新绿茶,一时间,全国 10 多名制茶高手云集南京,时任中山陵茶厂高级工程师的俞庸器等专家组成技术小组研制新茶。

为了区别于江苏名茶碧螺春的卷曲,浙江名茶西湖龙井的扁平阔直,有专家提出将茶叶制成镰刀锤头形,还有专家提出将茶叶制成梅花花瓣型,可这些都因不可实现以及无法操作而被否决。

有一次,俞庸器漫步山间,无意中看到松针被雨淋后越发苍翠的景象,一下子有了灵感,他经过 14 次的反复试验、技术攻关,最终制成了一款翠绿挺拔、形似松针的绿茶。

松针象征着革命烈士的忠贞不屈、万古长青,使人饮茶思源,缅怀雨花台的革命烈士,因此这款新茶被命名为"雨花茶"。1959 年,在第一次全国名茶评比时,刚刚研制成功的南京雨花茶被列为中国十大名茶之一。

由于雨花茶的产需供求逐渐变大,故其产地由南京中山陵和雨花台烈士陵园扩大到南京周边的区县。秦淮河流域的丘陵坡地,土壤以疏松的黄棕壤为主,土层深厚肥沃,微酸性,富含水分,非常适合茶树的生长。

此外,南京年平均气温达到 15.5 摄氏度,降雨量约 900—1000 毫米,无霜期超过 200 天,也能为茶树的生长提供优质的环境。

《地理标志产品　雨花茶》(GB/T 20605-2006)中明确规定:"雨花茶"这三个字仅限于南京的七郊县、两陵园使用,即中山陵园、雨花台烈士陵园,以及南京七郊县的现辖行政区域。

同中国其他产区的绿茶相比,雨花茶的制作工艺难度更大,尤其是最后的"整形干燥",是形成雨花茶独特外形的关键工序。

熟练的制茶师一定要将茶叶的水分控制在 7% 以下,经过塑形的茶叶,每一根都必须紧、细、围、直,白毫显露。

国家级非遗代表性项目雨花茶制作技艺代表性传承人陈

雨花茶形似松针
（陈盛峰供图）

陈盛峰正在进行
雨花茶杀青工序
（陈盛峰供图）

盛峰在描述制茶技艺中最精妙的一个动作"抓条搓条"时是这样说的："叶随心动，在手心里自由翻滚，犹如在跳芭蕾，嫩叶随着热空气在指尖绕动，渐渐变成秀丽如针、绿润可爱、口感鲜美、清香四溢的雨花茶！"

从钟山云雾茶到雨花茶，南京人喜爱喝茶的历史由来已久，秦淮河边的茶楼食坊茶韵悠悠，《红楼梦》《儒林外史》等古典名著中也是茶香四溢。南京因茶而美，秦淮因茶而香，绿水青山之间诞生的雨花茶是对这个城市最深情的告白。

2021 年 5 月，绿茶制作技艺（雨花茶制作技艺）入选第五批国家级非物质文化遗产代表性项目名录。2022 年 11 月，中国传统制茶技艺及其相关习俗入选联合国教科文组织人类非物质文化遗产代表作名录。

桃叶临渡

中国文学史上有一种诗词体裁叫"怀古诗",即文人墨客在瞻仰过历史古迹之后,有感而发地创作出怀古惜今的诗词。南京历史悠久,古迹遗址众多,最易引发文人抒怀写意,所以成为不少怀古诗的原创地。

《红楼梦》第五十一回中,才女薛宝琴在大观园的诗词雅集中创作了十首怀古诗,其中《桃叶渡怀古》写道:"衰草闲花映浅池,桃枝桃叶总分离。六朝梁栋多如许,小照空悬壁上题。"《红楼梦》虽然假托金陵之事,但纵观全书,竟然没有一次明写秦淮河,可曹雪芹却借薛宝琴之口,用桃叶渡暗寓秦淮河,引出了一段风流佳话。

桃叶渡是内秦淮河与青溪交汇合流处的一个古渡。桃叶渡声名远播,成为历代文人骚客竞相怀古、争相赋诗的六朝胜迹,是因为这里流传着王献之和桃叶的爱情故事。

王献之是"书圣"王羲之的第七子,东晋时期著名的书法家,与父亲王羲之并称"二王"。

王献之少负盛名,才华横溢,从小就受到宰相谢安的赏识。《晋书·卷八十·列传第五十》中记载:"尝与兄徽之、操之俱诣

桃渡临流（陈大卫摄影）

谢安，二兄多言俗事，献之寒温而已。既出，客问安王氏兄弟优劣，安曰：'小者佳。'客问其故，安曰：'吉人之辞寡，以其少言，故知之。'"谢安评价王献之寡言少语，能成大事。

王献之先与北中郎将郗昙之女郗道茂成了婚。郗家在郗鉴的苦心经营下，成为东晋的名门望族。郗鉴同琅琊王氏王导一起辅佐晋成帝，是东晋的重臣，还是有名的书法家。

郗鉴的女儿郗璿与王羲之成亲。郗鉴二儿子郗昙的女儿郗道茂，比王献之大一岁，是王献之的表姐，美丽端庄，典雅贤惠，与王献之青梅竹马，志趣相投，所以两人一到可以婚配的年纪，便顺理成章地结了婚。

郗、王两家两世联姻，相比父亲王羲之的美满婚姻，王献之与郗道茂却有着截然相反的结局，他们的婚姻非常短暂。

东晋简文帝之女新安公主司马道福看上了王献之，非他不嫁。王献之百般拒绝，甚至故意用艾草烧伤自己的脚，可即使是这样，都不能阻止公主恨嫁的心。

王献之纵然是世家大族子弟,也无力抗拒这飞来的"横福",万般无奈之下,最终只得忍痛与郗道茂离婚,而与司马道福成婚。

郗道茂与王献之离婚之后,已无娘家可回,只能借住在伯父郗愔家,过着寄人篱下的生活。内心的煎熬与痛苦,悲伤与绝望折磨着郗道茂,没有几年的光景,她就抑郁而终了。

王献之与新安公主所生之女王神爱,后来成了晋安帝的皇后。在晋安帝一朝时,王献之获赠侍中、特进、光禄大夫、太宰等各种显爵封号,谥号为"宪",可以说是风光至极。

可是,这种传奇的人生却丝毫没有让王献之感到幸福。他在弥留之际,道家(琅琊王家一向笃信五斗米道)问王献之一生有什么过错和得失,他说与发妻郗道茂离婚是其一生的痛,到死都不能释怀!《世说新语·德行第一》中记载:"王子敬病笃,道家上章,应首过,问子敬:'由来有何异同得失?'子敬云:'不觉有余事,唯忆与郗家离婚。'"

"虽奉对积年,可以为尽日之欢。常苦不尽触类之畅,方欲与姊极当年之足,以之偕老。岂谓乖别至此,诸怀怅塞实深。当复何由日夕见姊耶。俯仰悲咽,实无已已,惟当绝气耳。"这封王献之在离婚后写给前妻郗道茂的家书被收录在《淳化阁帖》里,被后世称作《奉对帖》。

从这短短的数句中,我们可以感受到王献之对郗道茂的情深义重,以及他离婚后对郗道茂的思念与悲痛。这不但是一幅书法珍品,而且是一封凄美的家书。

王献之有三首传世的《桃叶歌》:"桃叶映红花,无风自婀娜。春花映何限,感郎独采我。""桃叶复桃叶,桃树连桃根。相怜两乐事,独使我殷勤。""桃叶复桃叶,渡江不用楫。但渡无所苦,我自迎接汝。"

这三首中的每一首都饱含着款款深情,令人回味无穷。我们无从知道这个桃叶是个何样的女子,翻遍王献之生平的所有史料典籍,也找不到关于她只言片语身份信息的记载。

民间口口相传的桃叶,都是以王献之的小妾身份出现的;甚至还有以桃叶口吻写的《答王团扇歌》诗三首出现,桃叶又以女诗人的形象定位出现。

唐代诗人李商隐在《燕台四首》中说:"当时欢向掌中销,桃叶桃根双姊妹。"这又给桃叶凭空造出了一个姐姐,桃叶桃根总关情,这又给人留下了更多的想象空间。

从王献之对郗道茂的一往情深,以及霸道公主司马道福对王献之的爱来看,王献之与小妾桃叶的爱情故事也许根本就不存在。

假设一下,如果桃叶只是王献之前妻郗道茂的闺名或是昵称,是不是这一切就非常好解释了。王献之与公主成婚之后,每每思念发妻,都会到桃叶渡口发呆、沉思,用诗词创作的方式来抒发相思之苦。

桃枝桃叶总关情,又或者《桃叶歌》根本就是王献之的追随者根据六朝的秦淮民歌而把作者"移植"到他身上了呢!

此事无关风月,此情只待追忆,桃叶渡在秦淮河水的滋润下,已经成为一个爱的渡口。

秦淮金粉

　　清康熙三十八年（1699 年），51 岁的孔尚任完成了传奇剧本《桃花扇》的创作，该剧本一经问世，就被竞相传抄。康熙三十九年（1700 年）正月初七，《桃花扇》由著名昆曲班社在北京菜市口胡同的碧山堂大戏台连演数场，一时轰动京城。这个消息很快便传入宫内，康熙皇帝闻讯后，连夜阅读了《桃花扇》的剧本。

　　孔尚任是孔子的第六十四代孙，1684 年，康熙皇帝南巡途经曲阜，特邀孔尚任来御前讲解《论语》，康熙皇帝听后称赞了孔尚任，并特命孔尚任为国子监博士。这一时期，孔尚任根据早年在家乡时听到的李香君血溅桃花扇和南明王朝灭亡的故事，以及后来游历秦淮河时，遍访南明遗老遗少收集来的素材，创作了《桃花扇》。

　　《桃花扇》以侯方域与李香君悲欢离合的爱情故事为主线，借离合之情，写兴亡之感，真实反映了明末腐朽动荡的社会现实，以及统治阶级内部的矛盾和斗争，仿佛在向读者展现一幅晚明时期秦淮河两岸的历史画卷。

　　康熙皇帝在看完《桃花扇》的剧本后，于当年 3 月初晋升孔尚任为广东清吏司员外郎，并于 3 月中旬罢免孔尚任。

江苏省昆剧院
《1699·桃花扇》
中的秦淮八艳
（梁俊摄影）

康熙皇帝处理孔尚任的方法十分耐人寻味，我们无从知道这其中的真相，却可以借由《桃花扇》了解以李香君为代表的、晚明时期活跃在秦淮河上的一个女性群体——秦淮八艳。

十里秦淮自古风流，才子佳人多如过江之鲫，文人墨客眼里的秦淮河是六朝金粉。孔尚任在《桃花扇》中写道："【缧山月】金粉未消亡，闻得六朝香，满天涯烟草断人肠。怕催花信紧，风风雨雨，误了春光。""金粉"是古代女子化妆用的脂粉，其被冠以秦淮的前缀后，秦淮河赋予了金粉不一样的风情，它就不再是普通的化妆品了。

明末文人余怀久居金陵，与秦淮八艳是同时代人，他在著作《板桥杂记》中记录了秦淮河上最负盛名的佳丽名姝：顾横波、董小宛、卞玉京、李香君、寇白门、马湘兰六人，后人又加入柳如是、陈圆圆。

1925 年，游学世界各地的陈寅恪回国，受聘于清华大学，与王国维、梁启超、赵元任被并称为"清华四大国学大师"。1926 年，陈寅恪与梁启超、王国维一同被聘为清华大学研究院的导师，并称为"清华三巨头"。

陈寅恪儿时启蒙于南京的家塾，学习四书五经、数学、地理等知识。1902 年到 1925 年这 13 年间，陈寅恪的留学足迹从日

本、德国、瑞士到法国、美国，最后又回到德国，他精通 22 种语言。陈寅恪晚年耗费 10 年心血，完成巨作《柳如是别传》。

《柳如是别传》用大量篇幅对秦淮八艳之一柳如是的情感与生活进行了极为详尽的考证和研究，是描写柳如是悲剧的一生以及其柔弱中蕴藏的英雄气质的一曲赞歌。

柳如是最为核心的气质，是陈寅恪在书中反复强调的"自由之思想，独立之精神"。柳如是集侠气、才气和骨气于一身，是一位奇女子，《柳如是别传》则是一本女性史颂。

明末诗人吴伟业的长诗《圆圆曲》中的诗句"鼎湖当日弃人间，破敌收京下玉关。恸哭六军俱缟素，冲冠一怒为红颜"，让秦淮八艳之一的陈圆圆走进了大众的视野。全诗记录了陈圆圆坎坷而又传奇的一生，如果秦淮八艳有颜值榜评选的话，陈圆圆一定是榜单上的第一名。历史上描写陈圆圆的文献众多，除了最为著名的《圆圆曲》，还有《圆圆传》《沧桑艳》《众香集》等。

把陈圆圆列入秦淮八艳，除了其盛名在外，还因为她是明末乱世风尘中集才艺与传奇于一身的女性群体的代表人物。

柳如是的丈夫钱谦益，曾在《列朝诗集小传》中这样描写马湘兰："姿首如常人，神情开涤，濯濯如春柳早莺，吐词流盼，巧伺人意，见之者无不人人自失也。"也就是说，马湘兰的长相虽不绝色,却气质如兰,别有韵致。

马湘兰是秦淮八艳中最为年长的,也是成名最早的,她虽身在风尘中,却豁达开朗,颇有人缘。马湘兰还是一个丹青高手,擅长画花卉,尤善于画兰,她的画作成为当时王公贵族争相收藏、追捧的对象,并传之后世。

北京故宫博物院收藏有马湘兰的《兰竹水仙图》《兰花图》《兰竹图》等近10件作品,马湘兰的《仿管道昇墨兰轴》被上海博物馆收藏。

《红楼梦》作者曹雪芹的祖父曹寅,曾接连三次为《马湘兰画兰长卷》题诗,共72句。

2023年10月,在秦淮河边乌衣巷11号南京市第二十七高级中学的建校80周年校庆活动中,一位气质优雅的校友瞬间引起了人们的瞩目。87版电视剧《红楼梦》在中国家喻户晓,剧中香菱的扮演者陈剑月女士来到母校共襄盛会。

出身于艺术世家的陈剑月从小就生长在乌衣巷附近的兴隆巷,秦淮河水滋养了她的艺术灵魂。在校期间,她一直是学校的文艺骨干,高中毕业就考进了西安电影制片厂。从秦淮古巷走出来的南京女孩,成长为享誉盛名的表演艺术家。因参演的电视剧《红楼梦》在全国引起轰动,陈剑月还被邀请主演电视系列剧《秦淮八艳》之《寇白门》,对于寇白门的人物塑造,陈剑月更是感受颇深。

寇白门本名寇湄,而白门本为六朝宋时建康宫城正南门宣阳门的别称,大致位置在今天的南京市新街口淮海路一带。白门一度成为南京的风雅别称,而寇白门这名字也体现出一股豪爽之气。

明崇祯十五年(1642年),保国公朱国弼迎娶寇白门,按照当时的风俗,乐籍女子脱籍从良或是婚嫁,都必须在夜里进行。清代陈维崧在《妇人集》中记载:"朱保国公娶姬时,令甲士五十,俱执绛纱灯,照耀如同白昼。"迎亲的队伍从内桥抚宁侯府到武定桥钞库街,兵士们手执灯笼,把黑夜照得亮如白天。秦淮河两岸的百姓纷纷出来看热闹,这场明朝历史上南京城里的世纪婚礼,喜提南京城热搜话题。

处于乱世中的婚姻终会被雨打风吹去,明朝灭亡时,朱国弼降清,被软禁在北京城里。寇白门自请带一婢女,短衣匹马返回秦淮河边,力筹千金为朱国弼赎身,这成为轰动一时的义举。

陈剑月饰演的寇白门(陈剑月供图)

钱谦益为寇白门作诗:"丛残红粉念君恩,女侠谁知寇白门。黄土盖棺心未死,香丸一缕是芳魂。""侠女"由此成为寇白门为世人称赞的文化标签。

在朝代更迭之时,秦淮八艳已经超越了她们本身琴棋书画样样精通的职业属性,每个人身上的故事都彰显着她们独具风采的人格魅力。

《桃花扇》使得李香君名动天下;《柳如是别传》带人走进那个特别的时代,了解世俗眼光之外的真实的女性世界……

除了文学塑造的人物形象,秦淮八艳这一女性群体身上的那种民族气节、侠骨柔情、优雅知性和才华横溢带给人的震撼至今都能引起共鸣。

六朝烟水

雍正十一年（1733 年），安徽全椒文人吴敬梓变卖家产，举家移居南京，住在秦淮河畔的秦淮水亭，这一年他 33 岁。在这里，他创作了中国古代讽刺小说的巅峰之作《儒林外史》，书中还原了清代秦淮河边的风土人情。

《儒林外史》第二十九回，安徽天长才子杜慎卿过江来到了南京，和友人同游雨花台："坐了半日，日色已经西斜，只见两个挑粪桶的，挑了两担空桶，歇在山上。这一个拍那一个肩头道：'兄弟，今日的货已经卖完了！我和你到永宁泉吃一壶水，回来再到雨花台看看落照！'杜慎卿笑道：'真乃菜佣、酒保都有六朝烟水气。一点也不差！'"

雨花台永宁泉是声名远扬的金陵第一名泉，南宋诗人陆游品评其为"江南第二泉"。好水配好茶，雨花台也是南京地区著名的产茶区，名胜、名泉、名茶，引得文人墨客纷至沓来。

1936 年，著名的职业报人及通俗小说家张恨水从上海迁居南京，住在丹凤街南唐遗迹"唱经楼"附近。

在南京期间，他与友人张友鸾共同创办了《南京人报》，一时间，他们将报纸办得如火如荼，极具影响力。办报之余，张恨水

喜欢以一个看客的视角独自寻访南京的六朝遗韵。

张恨水在散文《清凉古道》中是这样描写南京的："我居住在南京的时候，常喜欢一个人跑到废墟变成菜园竹林的所在，探寻遗迹。最让人不胜徘徊的，要算是汉中门到仪凤门去的那条清凉古道。……屋角上有一口没有圈的井，一棵没有树叶的老树，挂了此枯藤，陪衬出极端的萧条景象，这就想不到是繁华的首都所在了。"

张恨水在散文《白门之杨柳》中写道："你如果走过南京的四郊，就会觉得扬子江边的杨柳，大群配着江水芦洲，有一种浩荡的雄风，秦淮水上的杨柳两行，配着长堤板桥，有一种绵渺的幽思。"

张恨水对南京的市井百态怀有浓厚的兴趣。他每日清晨都会去丹凤街逛逛，仔细观察南京人的日常生活。

张恨水在《丹凤街》中写道："二三十张露天摊子，堆着老绿或嫩绿色的菜蔬。鲜鱼担子，就摆在菜摊的前面。……男女挽篮子的赶市者，侧着身子在这里挤。过去一连几家油盐杂货店，柜台外排队似的站了顾客。又过去是两家茶馆，里面送出哄然的声音,辨不出是什么言语,只是许多言语制成的声浪。带卖早点的茶馆门口,有锅灶叠着蒸屉,屉里阵阵刮着热气,这热气有包子味,有烧饼味,引着人向里挤。"

张恨水除了经营管理《南京人报》的业务,还编辑副刊《南华经》,每天都要工作到凌晨三点才能回家。他每次经过丹凤街的唱经楼时,都会看到一些民兵在昏黄的灯光下接受训练。

这些民兵白天都是各行各业的谋生者,他们努力奋进、同仇敌忾、共赴国难的精神给张恨水留下了深刻的印象。

张恨水长篇小说《丹凤街》开篇的第一章就写道:"'领略六朝烟水气,莫愁湖畔结茅居。'二十年前,曾送朋友一首七绝,结句就是这十四个字。但到了前几年,我知道我这种思想是错误的。姑不问生于现代,我们是不是以领略烟水为事,而且六朝这个过去的时代,那些人民优柔闲逸、奢侈及空虚的自大感,并不值得我们歌颂。其实事隔千年,人民的性格也一切变迁,就是所谓带有烟水气的卖菜翁,也变成别一类的人物了。"

张恨水在小说《丹凤街》的创作中,摒弃了粉饰太平的创作理念,着力刻画市民的觉醒与反抗。他笔间多次提到的"六朝烟水气",再一次将南京人这一独特的精神内核传递给读者,在民族存亡的危难时刻,张恨水用南京历经沧桑、饱受国难却又坚韧不屈的城市精神,唤醒那些沉睡的国民奋起反抗。

"六朝烟水气"这种看不见、摸不着的神秘气质,却让人莫名有种不可言传、只可意会的感同身受,遇国难时可肝胆侠义,逢太平时亦能风流洒脱。

南京城的历史积淀造就了南京人不温不火、随遇而安、宠辱不惊的处世态度。上袭六朝名士风度,下承坦荡豁达的真诚与

棍气（老南京俚语：讲义气）。

　　凡是能概括总结出"六朝烟水气"的往往都是外地人，吴敬
梓如此，张恨水等亦如此。果然还是外地人更懂南京人，而从这
一侧面也能看出南京这座城市具有极高的包容力与凝聚力，让
人来了就不想走了，就会深深地爱上这座城。

　　走在南京的街头巷尾或菜场市集，你很可能会和某一位行业
领域内的大师级人物擦肩而过。也许白天还是菜场里买大葱的邻
家大叔，到了晚上就是舞台上熠熠生辉的英俊小生；白鹭洲公园里
一位精神矍铄的晨练大爷，很可能就是国家级的古琴非遗传承
人；一个打扮潮流时尚的帅气小伙儿，换上布衣长衫后，就变成
了身怀绝技的南京白局艺术家。他们就是散落秦淮河边的、具
有"六朝烟水气"的传承人。

"2020感动中国·江苏年度人物"颁奖大会上,来自秦淮河边的"南京老门西文化守望者协会"作为一个群体被授予了荣誉,获奖词是这样写的:"曲街斜巷,青砖黛瓦,最忆是金陵。一砖一瓦寻记忆,在烟火气中讲故事。办展览,开讲座,出期刊,你们为老门西立传,为一座城市留下根与魂。"

老门西(中华门以西)是秦淮文化、南京文化的精神家园,不应淹没在时代进步的高楼大厦里。老门西守望者团队最初是由退休高中语文教师陶起鸣集结城市文化爱好者,自发成立的一个公益性的民间社团。

这个群体扎根在人文底蕴深厚的秦淮河门西地区,他们收集、整理、挖掘历史、人文、民俗等文化印记,重新唤起人们的城市记忆。成员都是六七十岁甚至还有八十岁以上高龄的"老南京",现如今,越来越多的年轻人也加入守望者的队伍中来。

从某种层面上来说,老门西文化守望团队就是南京城市文化传承、保护和发展的一个缩影,"六朝烟水气"也在其间得以守护和延续。六朝烟水,秦淮风雅,这也是南京人生生不息的精神血脉。

桨声灯影

在中国现代文学馆的手稿库中,有一张泛黄的明信片,正面是南京夫子庙秦淮河风景的黑白照片,背面印着"中华民国邮政明信片"的字样。

在信笺的中间,有一条竖线将页面划分为两部分。左侧为:"灯影劳劳水上梭,粉香深处爱闻歌。柔波解学胭脂晕,始信青溪姊妹多。"绝句旁还附有小序,"秦淮初泛,呈佩弦兄",落款为"俞"。时间为"十二(1923 年)、七(月)、三一(日)南京分手之日"。这里的"俞"与"佩弦"分别是我国现代著名诗人、作家俞平伯与朱自清。

朱自清与俞平伯的友情始于五四运动后不久。1920 年,北京大学校长蒋梦麟受邀为浙江第一师范物色教员,于是蒋梦麟就推荐了俞平伯和朱自清,虽然俞平伯只在学校任教了半年就

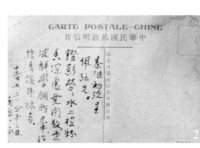

1. 俞平伯写给朱自清的明信片(正面)
2. 俞平伯写给朱自清的明信片(背面)

辞职离开了,但他与朱自清在学校任教期间结下了深厚的友谊。

1923 年 6 月,朱自清从杭州返回扬州老家探亲,写信邀约俞平伯在暑假时同游南京。7 月底,两位好友如约来到南京,共同游览了金陵风光,领略了六朝遗韵和王谢风流。

两人夜游秦淮河时,看到河中画舫往来穿梭,两岸水榭楼台歌声隐隐,昏黄的灯火和清朗的月光交相辉映,此情此景给他们留下了深刻的印象。于是他们约定,以《桨声灯影里的秦淮河》为题,各写一篇散文。

1923 年 8 月 22 日,俞平伯在北平写成《桨声灯影里的秦淮河》。1923 年 10 月 11 日,朱自清在温州写成《桨声灯影里的秦淮河》。1924 年 1 月 25 日出版的《东方杂志》上,刊登了两人的同名散文,一时引起文坛轰动。

文学评论家李素伯在《小品文研究》中对两篇同题散文作了评价:"我们觉得同是细腻的描写,俞先生是细腻而委婉,朱先生是细腻而深秀;同是缠绵的情致,俞先生是缠绵里满蕴着温煦浓郁的氛围,朱先生是缠绵里多含有眷恋悱恻的气息。如用作者自己的话来说,则俞先生的是'朦胧之中似乎胎孕着一个如花的笑',而朱自清先生的是'仿佛远处高楼上渺茫的歌声似的'。"

朱自清笔下的秦淮河是一条抒情的河,而俞平伯则写出了一条充满哲思的秦淮河,两位文坛大咖不仅把秦淮河的情与景写绝了,还把同题材的散文写尽了,让"桨声灯影"从此成为秦淮河的专属标志。

秦淮共游,不但成就了一段现代文坛佳话,而且成就了朱自清与俞平伯之间终生的友情。1925 年,五卅惨案爆发,朱自清一度十分苦闷,后经俞平伯介绍,朱自清赴清华大学任国文系教授。后来,两人还合资开办了"景山书店",并合作开设了高级作文课。

此时,朱自清的家属还远在扬州,他独自居住,在饮食上多有不便,于是俞平伯就经常邀请朱自清到家里来用餐,这也让朱自清感受到了友情的温暖。

1928 年 11 月,朱自清的妻子武钟谦因病去世。从此,朱自清和他 6 个孩子的生活愈加艰难,甚至连饭食都无法自理。此时,重情义的俞平伯又一次挺身而出,他坚持为朱自清一家提供一日三餐。

朱自清要给伙食费,俞平伯却坚决不收。推让之下,俞平伯只好每月暂收 15 元,可暗中却又全部用于贴补他们一家的伙食,朱自清察觉到了那些丰盛饭菜背后包含了好友的一片真心。

1937 年七七事变后,俞平伯因为要侍奉双亲,滞留在北平(今北京),朱自清随清华大学南迁时,将俞平伯的两个女儿招进西南联大,并当了她们的监护人。

朱自清南下前,将自己的全部藏书交由俞平伯保管,俞平伯将好友的藏书保管在东城老君堂胡同 79 号的古槐书屋里。1943 年,朱自清的生活已经到了非常困顿的程度,他写信给俞平伯,托他代为售卖自己的藏书。为了解决朱自清的燃眉之急,俞平伯亲自帮好友售书。远在昆明的朱自清在得知售书款为 702元之后,感到很意外,特地写信给俞平伯以表感谢。

朱自清已经明显感受到了挚友的帮助。1943 年的北平旧书市场上,急于售书的人是很难卖出高价的,702 元的巨款背后,一定是有俞平伯的暗中添补,朱自清自然非常感激。

抗日战争胜利后,朱自清回到清华大学,他与俞平伯再次重逢。此时，朱自清已患有严重的胃病，1948 年 8 月 12 日，朱自清在北平逝世。

俞平伯得知朱自清去世的消息后十分悲痛，他与北大、清华的师生一起前往医院为好友送别，并亲题挽联一副："三益愧君多，讲舍殷勤，独溯流尘悲往事；卅年怜我久，家山寥落，谁捐微力慰人群。"

1959 年，俞平伯以全国人大代表的身份随考察团前往江苏视察。到了好友朱自清的故乡扬州时，俞平伯显得心情很沉重。按照行程，他理应随团南下，访问苏州等地，俞平伯却离团独自前往南京，令同行者大为不解。

在南京，俞平伯独自重游了 36 年前他与朱自清同游的秦淮河与鸡鸣寺，不禁感慨万千。次年，俞平伯发表了《重游鸡鸣寺感旧赋》。

文中，他深情回顾了两人相知相交的过程，最让俞平伯念念不忘的，还是两人曾经结伴同游秦淮的那段时光，美文背后的情谊也令读者动容，秦淮河上友谊的小船泛起一段感人的佳话。

桨声依旧　灯影如梦（程立摄影）

门西英才

南京是一个世界闻名的旅游胜地,吸引着全球观光客的到来。在南京的大行宫地区,有一处花木掩映、粉墙黛瓦的建筑群特别引人注目,犹如古都大地上一个精致的山水盆景。这里曾是清代康熙皇帝六次南巡驻跸的行宫,也曾是《红楼梦》作者曹雪芹家族生活了 60 多年的江宁织造署。这个现代气质中极具中国古典园林风格的"核桃模式"的建筑,就是著名建筑设计大师吴良镛设计的"江宁织造博物馆"。

翻开吴良镛的履历,可谓是荣誉满满,他现为清华大学建筑学院教授、中国科学院院士、中国工程院院士,他还是中国人居环境科学的创建者,被誉为"中国人居之父"。他一直自豪地称自己是秦淮河老门西走出来的南京人。

1922 年 5 月,吴良镛出生于南京门西谢公祠 20 号(现旧居尚在),吴良镛的祖父曾经是民国时期南京缎业商会会长,童年的吴良镛就生活在古色古香的秦淮街巷里,他从小就对别致而典雅的中国建筑有着浓厚的兴趣。

小时候的吴良镛最喜欢看老房子了,一天,当他向家里的长辈说长大后要当一个建筑师时,当即就遭到了反对,他们认为搞

1. 江宁织造博物馆（吴靖摄影）
2. 吴良镛出生地（黄欣摄影）
3. 吴良镛为钟英中学题写的校名（于昕摄影）

建筑就是当泥瓦匠。没想到当年的一句戏言，竟有梦想成真的一天。吴良镛曾就读于南京荷花塘小学，1934年考入南京钟英中学学习，1937年南京沦陷之前，他随家人迁至重庆，随后在合川第二中学继续学业。

1940年7月的一天，吴良镛刚考完毕业统考的最后一科，日本轰炸机就来了，整个城市被火焰吞噬。当他们从防空洞出来时，战后的城市满目疮痍，这深深刺痛了少年的心。当时，吴良镛就立志将来要从事建筑行业，重振祖国河山。

后来，吴良镛如愿考入重庆中央大学建筑系学习，并得到了建筑大师梁思成的青睐。梁思成力邀他加入中国建筑保护与研究的事业中，他们靠手绘编成了中国第一本文物保护目录《全国重要文物建筑简目》，这使得许多中国古典建筑在战火中得以保存。1946年，吴良镛应梁思成之邀，赴清华大学共同创办建筑系。清华大学建筑系创建之初，吴良镛是当时仅有的两位教师之一。后来，他又担任了清华大学建筑系的系主任，在清华大学建筑教育岗位工作了 70 多年。

1946 年,梁思成、林徽因力荐吴良镛赴美,跟随世界著名城市规划大师、"美国现代设计之父"沙里宁学习,主修建筑及城市设计。1950 年,吴良镛收到梁思成、林徽因的来信:"北京百废俱兴,正要开展城市规划工作,希望你赶快回来。"信中的"百废俱兴"四个字,让吴良镛重燃儿时"匠人营国"的梦想,心中的责任感让他毅然决定回国。

从业以来,吴良镛形成了自己的工作习惯,基本每天工作 10 个小时甚至更久。为了方便携带书籍、工具,他还特制了一个小的拉杆箱。在每天的清晨与傍晚,人们总能看到这位白发苍苍的学者步履匆忙地走在清华园里,这也成了校园里的独特一景。

吴良镛提出了以人为核心的人居环境建设原则,建立了一套以人居环境为核心的规划设计方法和实践模式,这一理论为中国城乡建设提供了有力的理论支撑。其中,他主持的北京市东城区菊儿胡同危旧房改建试点工程,推动了从"大拆大建"到"有机更新"的政策转变,获 1992 年度的亚洲建筑师协会金质奖和世界人居奖。

吴良镛是我国建筑教育事业的开拓者,指导学生、参加实践、投身科研,主持参与多个重大工程项目和科

钟英中学曾公祠校区(陈华安摄影)

研课题。吴良镛还是代表改革开放杰出成就的人居环境科学的开创者,是活跃在国际舞台的建筑学家、理论家,是我国建筑与城市规划的先行者和杰出的建筑教育家。他不仅见证了中华大地平地起高楼,也为我国建筑发展史留下了浓墨重彩的一笔。

吴良镛对故乡南京一直有很深的感情,他想在现代空间里放大南京的山水城林,把中国的山水诗词、古典园林和山水画融合在一起,创立"山水城市"的概念。江宁织造博物馆的建成再一次将城市、文化、艺术与人文精神很好地结合,其成为中国建筑史上的又一巅峰之作。

2008年的夏天,86岁高龄的吴良镛顶着南京的酷暑高温,到江宁织造博物馆施工现场指导。连续几日的工作,让他突发脑梗住院,在住院治疗的过程中,他坚持练习书法,设法让身体尽快康复。2014年,钟英中学恢复原校名,吴良镛应邀为母校题写校名。吴良镛还曾独自一人回到老门西旧居,在曾经的荷花塘小学门口伫立良久, 但他始终没有进去, 被问及没有进去的原因,吴良镛竟然幽默地说:"我怕被校长发现,他要喊我作报告的。"

吴良镛经常说,一个民族的发展始终与美好人居环境相伴随,人居建设的最终目标是社会建设,吴良镛用他设计的建筑讲好中国故事,他设计的建筑也成为连接世界的纽带和桥梁。

2022年5月7日,吴良镛百岁生日之际,南京老门西文化守望者协会在愚园举办了"吴良镛先生百岁华诞座谈会",曾经的乡邻、晚辈、亲友共同祝愿这位从老门西走出去的建筑大师身体康健。虽然吴良镛在业界是德高望重的建筑大师,但在很多人的心中,他就是一个圆脸庞、慈祥谦和的"南京老头儿"。

国士无双

2019 年 9 月 29 日,习近平总书记向国家勋章和国家荣誉称号获得者颁授勋章奖章。"共和国勋章"获得者有于敏、申纪兰、孙家栋、李延年、张富清、袁隆平、黄旭华、屠呦呦。

国士的荣誉至高无上,在八位"共和国勋章"的获得者中,袁隆平和古都南京有着不解之缘。

袁隆平——稻田里的拓荒者

南京市档案馆在对 200 多万张民国时期户籍档案整理的过程中,遴选出了一批具有重大历史价值的人物资料,有一张户主为袁兴烈的户籍卡显示,长子袁隆平 19 岁,家住梅园新村 49 号。

1930 年 9 月 7 日,袁隆平出生于北京,父母最初在姓名一栏只写了"袁小孩"三个字,乳名"二毛"。

1937 年卢沟桥事变后,袁隆平随父母从北京到武汉汉口避难。随后,全家又辗转来到常德澧县,袁隆平就读于当时澧县最知名的弘毅小学。1939 年秋,全家又被迫移居重庆,袁隆平在那里上完了小学和初中。

1945 年,他随父亲又迁回汉口上高中。后来,由于父亲工作调动,全家又迁往南京,袁隆平进入南京中央大学附中(现南京师范大学附属中学)学习,他在这里读完了高二之后的全部高中课程。2002年10月1日,袁隆平回到阔别多年的母校,参加南京师范大学附属中学100周年校庆活动,并为全校师生作了讲座。

1949年,19岁的袁隆平即将报考大学。儿时的梦想、年少的奔波和战时食不果腹的情景不断在他的脑海中交织,最终袁隆平考入重庆相辉学院的农学系。

自1964年起,袁隆平带领科研团队开始研究杂交水稻,实现了从三系到两系再到超级杂交稻的三次重大技术创新。杂交水稻走出国门始于1979年,中国农业部向美国西方石油公司赠送了1.5公斤杂交水稻种子。这些种子在美国种植后,比当地良种增产33%以上。1992年10月,袁隆平被联合国粮食及农业组织聘任为首席顾问,以更好地帮助和推动其他国家发展杂交水稻事业。袁隆平和他的团队还通过举办杂交水稻国际培训班,为80多个发展中国家培训了10000多名杂交水稻技术人才。

1997年,袁隆平带领团队开展超级杂交稻研究,分别于2000年、2004年、2012年、2014年实现中国超级稻第一期亩产700公斤、第二期亩产800公斤、第三期亩产900公斤、第四期亩产1000公斤的目标。2020年11月2日,袁隆平团队研发的杂交水稻双季亩产突破1500公斤大关。

"发展杂交水稻,造福世界人民"是袁隆平毕生的追求,为了完成这个心愿,他带领团队一起积极推动杂交水稻走向世界。

中国杂交水稻技术已经在越来越多的国家得到推广,且在东南亚、南亚、南美、非洲等多个国家的试种都取得了成功。杂交水稻不仅解决了中国人的吃饭问题,还为造福世界人民发挥着积极作用。

袁隆平毕生追求的粮食高产的梦想一步步成为现实，实在令人欣慰。2021 年 5 月 22 日，袁隆平在湖南长沙病逝，享年 91 岁，举国上下都为其哀悼。这一天，南京师范大学附属中学校园内的袁隆平塑像前布满了鲜花，这是母校师生对这位杰出校友的致敬。

南京师范大学附属中学秦淮科技高中校园内袁隆平塑像（黄欣摄影）

钟南山——国医精诚　大爱无疆

2020 年 9 月 8 日，习近平总书记向钟南山颁授"共和国勋章"。

在获得"共和国勋章"的前几天，作为中国工程院院士、著名呼吸病学专家的钟南山做客中央广播电视总台《开学第一课》节目，向全国中小学生分享了自己的成长经历。

1936 年 10 月 20 日，在国民政府中央医院（现中国人民解放军东部战区总医院）里，儿科主治医师钟世藩从护士手中接过初生的婴儿，这是他与妻子也是同事廖月琴的第一个孩子，孩子哭声响亮，注定有着非凡的气度。

国民政府中央医院位于钟山之南，钟世藩也希望孩子能够如钟山那般刚毅沉稳，经历风雨后依然能坚守挺立，于是给孩子起名叫"钟南山"，这也注定了钟南山与南京有着极深的缘分。

原国民政府中央医院旧址（东部战区总医院宣传科供图）

1937 年 8 月 15 日，日本轰炸机空袭南京。

当时，尚在襁褓中的钟南山跟父母、外婆一起住在南京的一所小房子里。钟南山的家被轰炸机炸毁了，来不及逃离的钟南山还留在屋内，外婆与母亲惊恐万分，不顾自身安危，扒开一块块砖，拼命将他从废墟中救了出来。

钟南山当时满脸是灰，在废墟下被憋得脸色发黑，半天都哭不出声来。倘若外婆与母亲的搭救再迟片刻，钟南山的性命也许就会不保，这也是他第一次面对死神而侥幸逃脱。

南京局势日益紧张，为了躲避战火，国民政府中央医院迁往贵州贵阳，钟南山也跟随家人来到贵阳，之后，钟南山在贵阳上了小学。

生长于战乱中的钟南山性格坚韧、刚毅、果敢，这样的生活环境也对他后来产生了深远的影响。

1960 年，24 岁的钟南山从北京医学院（现北京大学医学部）毕业，踏上了与父母一样的从医之路。对他而言，和病人在一起，让病人转危为安，就是最大的幸福。

1979 年 4 月，43 岁的钟南山获得了赴英国爱丁堡大学学习深造的机会。第一次走出国门，面对国外发达的医疗技术，钟南山争分夺秒、全身心地投入学习和实验。为了做研究，他从自己身上抽血检测，甚至把自己当成小白鼠来做实验。

作为一名中国医生,起初他也遭受过国外同行的白眼和歧视,他的专业能力还受到过质疑。一次,钟南山在与英国医生一同查房时,运用中医辩证法来判断病人的病症,然后推出结论并及时化验检测,最终证实他的结论是对的。

这次的事情,开始让英国医生对钟南山的医术认可。在英国求学期间,钟南山的成绩和表现非常优异,在他学成准备归国时,爱丁堡大学对钟南山极力挽留,钟南山却表示要回国报效国家。1981 年,钟南山从英国飞回中国。

2003 年春天,非典疫情肆虐,作为呼吸系统疾病医疗专家的钟南山不顾生命危险,奔赴疫情最严重的一线开展医疗救治工作,全力救治危重患者。在抗击非典疫情时,他一句"把最危重的病人送到我这",感动了无数人。

钟南山对民众说"非典并不可怕,可防可治",让当时处于恐慌中的人们安下心来。他还倡导我国与国际卫生组织合作,主持制定非典等急性传染病诊治指南,为战胜非典疫情作出重要贡献。

非典疫情过后,钟南山继续致力于呼吸系统疾病领域的研究。他主动承担起突发公共卫生事件代言人的角色,向公众普及卫生知识,推动公共卫生应急体系建设,助力应对甲型 H1N1 流感、H7N9 禽流感等突发公共卫生事件的胜利。

2020 年初,突如其来的新冠肺炎疫情蔓延,84 岁高龄的钟南山再次临危受命,奔赴抗击新冠肺炎疫情的第一线,并担任国家卫健委高级别专家组组长。

钟南山用自己的专业知识,科学研判疫情,参加相关新闻发布会,向公众科普专业知识,将人们对疫情的恐慌值降到最低点。他的出现有如茫茫大海中的一根定海神针,极大地提升了人们战胜疫情的信心。

钟南山从实际出发,提出新冠肺炎病毒存在"人传人"的现象,应严格防控,并带领团队撰写新冠肺炎诊疗方案。

钟南山带领团队积极开展新冠肺炎相关研究。他开展了病毒溯源研究,成功从临床样本、粪便及尿液中分离出活毒株;他开展了首个全国范围的新冠临床特征研究,为临床科学诊治新冠肺炎提供了依据。

2023 年 5 月 5 日,世界卫生组织宣布,新冠疫情不再构成"国际关注的突发公共卫生事件",解除 2020 年 1 月 30 日拉响的最高级别警报。

这并不意味着病毒就此消失,钟南山还在继续向民众宣传病毒的发展趋势,提醒大家要注意防护,一如邻家亲切的老人。

南京师范大学附属小学建校 120 周年校庆活动上,钟南山出镜并录制了祝福视频:"我感受到'小南狮'们对学校 120 年的悠久历史充满自豪。我希望有机会能回到 80 多年前出生的南京,走进南师大附小,看望同学们,并品尝孩子们亲手制作的糕点。"

东西水关

一说到秦淮河，人们大多的印象就是桨声灯影里的十里秦淮，甚至有些人心中的秦淮河就定格在夫子庙的那一段河道。

伴随着摄像器材的更新和摄影技术的提高，人们了解秦淮河又有了新的视野和角度。从航拍的画面来看，十里秦淮两端的东水关、西水关是充满着古人智慧的水利工程杰作。

东水关的历史最早可追溯到六朝东吴时期，孙权定都建业后，对城东的一段天然河道进行了拓宽、疏浚和改造，这段河道名为"东渠"。因中国传统的"四神"说中，东方属龙，其色尚青，所以东渠又称"青溪"。

青溪发源于钟山第三峰天堡城南坡，汇合钟山西段南侧的溪水，然后蜿蜒曲折注入秦淮河。青溪是六朝时期建康城东最大的河流，也是重要的军事屏障。

当时的东水关是通往江南会稽郡（今浙江绍兴）、吴郡（今江苏苏州）方向的交通枢纽，南来北往的商贾齐集于此，在此进行商业贸易。

五代时，杨吴政权的金陵府尹徐知诰开始修建金陵城，东水关就是在这一时期修建的，当时还被称为"上水门"。东流而来的秦淮河在这里分支,一支沿城墙往南,形成了今天的外秦淮河;一支流入上水门,进入金陵城内,就是著名的十里秦淮,再从城西的下水门流出,汇入外秦淮河。徐知诰后来改名李昪,建立了南唐政权,成为南唐的开国皇帝。

明朝初期,明太祖朱元璋开始修建南京城,他在前代城墙的基础上扩建了明城墙,在十里秦淮上、下水门处修建了水关水闸——东水关、西水关,将城墙和水利工程融合为一体。东水关位于秦淮河流入南京城的入口处,也被誉为十里秦淮的"龙头"。东、西水关的修建不但可以调控秦淮河的水位,而且还具有强大的军事防御功能。

东、西水关共设计有三层,每层都建有偃月洞。东水关每层11券,共33券,上、中两层共22券,为藏兵、屯粮之用,下层11券通水。西水关上、中两层共有32券,下层只有1券可供船通行。目前,只有东水关尚保存中、下两层共22券,成为至今南京保存较为完好的一座古代水工程遗产。

在历史上,东、西水关对于保护南京城免受洪涝灾害发挥了非常重要的作用。水关在修建之初也颇讲究,设有两道闸门、桥道和藏兵洞。一道闸门在城墙之内,另一道闸门在

秦淮河出水口,城墙之下留有多孔拱券式进水巷道,用条石封住,以防止敌人潜水入城,城墙在两道水闸之间堆砌而成。

1954 年,西水关附近建成一座小型水利泵站,1968 年又增建闸门一座,以电动鼓盘绳索启动,同时利用民国时期修建的西水关防洪闸作上闸首,组成套闸,在城内外水位正常时可恢复通航。1987 年,在曾经的古西水关遗址上,一座集水闸、泵站、船闸多功能于一体的西水关雨水泵站建设启用,主要承担内秦淮河南段的引水和排涝任务。

除了防洪排涝的功能,两座水关在军事、政治、经济上也发挥了重要作用。历史上的西水关作为内秦淮河的出水口,与长江相连,设有码头,是南京进出口的咽喉要道。西水关除了是当时南京城繁忙的物资集散中心,外地人如果想从水路进入南京城,也必须从西水关下船,然后经水西门进城。

秦淮河两岸自古以来商贾云集、人文荟萃、儒学兴盛,西水关与东水关两相呼应,它们串起了最负盛名的"十里珠帘"锦绣水程。

1. 东水关航拍(陈大卫摄影)
2. 东水关旧影(图来自南京出版社《老明信片——南京旧影》)
3. 西水关泵站(缪宜江摄影)

武庙古闸

在江苏省 2021 年 12 月公布的《首批省级水利遗产名录》中,位于南京玄武湖畔,距今已有 600 多年历史的明代古闸"武庙闸"名列其中。这顿时唤起了很多南京人儿时的回忆,也引发了一阵参观武庙古闸的热潮。

武庙古闸(陈大卫摄影)

武庙闸的雏形可以追溯到三国时期的东吴,据《景定建康志》记载:"吴宝鼎二年,开城北渠,引后湖水流入新宫,巡绕殿堂。"其又载:"孝武大明中,又于湖侧作大窦(洞穴),通水入华林园天渊池。"

明代,朱元璋在修筑明城墙时,充分利用秦淮河和玄武湖等水系作为都城的护城河。同时,他考虑到都城内军民的生活用水以及城市的防洪排涝、军事防御等问题,建设了一批水关、涵闸等水利工程,其中东水关、西水关、武庙闸等就是这一时期建成的比较具有代表性的水利工程。这些水利工程既保障了城市的供水,又控制了秦淮河的水位,避免发生水患。

当初,明城墙修建到玄武湖时,朱元璋在六朝时期城北渠的基础上又预设了涵管,建造了一座别具风格的水利工程,称为"通心大坝"。清代同治年后,由于府学旧址(现南京市政府大院内)改为武庙,通心大坝便更名为"武庙闸",又因其在古台城附近,所以又有"台城水关"之称。为了与秦淮河的东、西水关呼应,其又被称为"北水关"。

我们从武庙闸旁清代同治十年(1871年)重修武庙闸的记事碑碑文"重修青溪出水大闸、湖定桥进水涵洞、创造通心沟水

武庙闸(陈大卫摄影)

坝"上可以看出，武庙闸在当时就是一个配套完整的水利工程了，虽然水闸体量不大，但它的工程设计在当时堪称一流，其设计颇为匠心独特。

中国古代水利工程或是大江大河中常常会出现镇水兽，比如都江堰石犀、黄河铁牛、颐和园昆明湖铜牛、洪泽湖镇水铁牛、南京胥河铸铁爬虾虫等。

古代社会生产力落后，水灾发生时，人们无法科学合理地解释这些自然现象造成的重大经济损失、自然破坏和人员伤亡，只能把祈求平安的愿望寄托于未知的神灵身上。

与水灾有关的传说大体有两种，一说是触怒了辖区的妖怪或神灵，另一说是因水里有蛟龙在作祟。每当修建水利工程时，人们就会铸造镇水神兽，或立于水中，或置于岸边，以此来镇压水患，保佑一方安宁。

武庙闸铁佛镇水
（陈大卫摄影）

武庙闸前有一尊铁和尚雕塑，名为"铁佛镇水"，这就是流传于玄武湖的故事"赤身铁和尚镇水怪"的原型。

据史料记载，清代时，武庙闸口置有一尊铸铁赤身和尚，其面湖而立，以镇水

洪泽湖镇水铁牛
（卢海鸣摄影）

杭州拱宸桥镇水
石兽（陈熙摄影）

怪。全国各地的镇水兽都是以动物形象呈现的,武庙闸用人形镇水显得独特且珍贵。

　　玄武湖水进入武庙闸后,首先得经过弯曲的"之"字形水道,以此来减缓湖水的流速,从而缓解水流对闸口造成的冲击力。

　　闸口处还安装了镞刀,随着水流的转动,锋利的刀可以切碎水草和杂物,以防止闸口堵塞,同时也可以防止盗贼潜水入城,发挥了近似于现代化大中型水利泵站进水口处安装的拦污栅、捞草机的作用,可以说是一项超现代的设计。

　　武庙闸内部是总长 140 米的隧道,全由直径 0.92 米的铸铁管（37 米）和铸铜管（103 米）组成。

　　武庙闸涵洞穿城而过之处称作"灵福洞",考古专家发现,这些贯通城墙的管道也采用特殊方式进行了保护。管道上方有保护砖,且十分精细地分为两种方法放置,水闸之间用三券三伏（三层砖）,相当于水窗做法;到城墙处改为五券五伏（五层砖）,相当于城门做法。这样,城墙的重量便被涵管上方支撑起来的砖券分担,管道只承受其周围填土的重量。

考古人员在对武庙闸考古发掘的过程中,发现这些管道均完好无损,这说明这种科学的设计极好地保护了管道的安全。

武庙闸最令人惊叹的是,在600多年前建造的深井中,两套双合铜水闸竟然被保存得极为完好。

铜水闸平面呈方形,边长1.30米,厚0.25米,重约5.5吨。其上合正中有一直径0.09米绳孔的铜钮,以铁索连接地面上的绞关启动,并通过辘轳的升降来控制水位。其下合位置为石质泄水拱洞,向城墙方向约延伸至5米处,与铸铁涵管相连。

铜水闸上合呈反"凸"字形,与下合相合,即为合闸断流。从两扇铜闸门的造型来看,它们非常接近现代儿童喜欢的拼接积木,嵌套紧实,阻水效果良好。

1971年,武庙闸涵洞在进行疏通时,人们在穿城涵管上方的城墙内发现了瓮室一座。专家推测,这座瓮室极有可能是为了方便检查和维护涵管而专门设置的维修间。

在这一次的涵洞疏通中,铜水闸被取出,置换成了现代水泥涵管,这些600多年前的文物,如今正陈列于博物馆的玻璃展柜中,静静地向参观者展示着古代水利工程的杰出工艺。

武庙闸是玄武湖的主要出水口,也是连接玄武湖、内秦淮河的重要引水体系,至今仍承担着防旱排涝以及改善城市水环境的重要作用。武庙闸是古代水利工程的一个范本,体现了明代科学技术水平的高超,对研究我国古代的水利科学技术具有重要价值。

新河枢纽

　　2020 年,江苏地区梅雨期超长,雨量又大,长江江苏段、秦淮河、石臼湖、固城湖等河湖水位普遍超过警戒水位,出现了长江水位和秦淮河水位齐涨、洪涝并发的危急局面。7 月 20 日,秦淮新河闸上游水位高达 10.75 米,达到历史最高水位。

　　江苏省水利厅同时升级秦淮河洪水橙色预警,防汛压力骤增。秦淮新河水利枢纽连日持续排水泄洪,如铜墙铁壁一般保护着人民的生命财产安全。

秦淮新河水利枢纽(陈大卫摄影)

历史回放到 1954 年,秦淮河流域发生洪涝灾害,秦淮河漫堤决口 400 多处,江宁县(今南京市江宁区)倒塌民房 4 万多间,受灾群众达到 25 万人,雨花台区 80% 的农田被淹没,市区新街口水涨及膝,许多地区更是以舟代车。1966 年,秦淮河流域又遭逢大旱,造成 30 万亩土地干旱。

1969 年,南京再一次遭受特大洪水的袭击,秦淮河上游水势汹汹,长江水位同时高涨,两水夹击,不仅造成秦淮河下游南京城市的内涝,还使中上游地区的水库溃堤、农田被淹、房屋倒塌,受灾面积达到 38 万亩。

正在施工建设中的秦淮新河水利枢纽(江苏省秦淮河水利工程管理处供图)

此后,1974 年、1977 年的文献资料数据显示,秦淮河每经历一次洪灾,人民的生命财产安全都要受到非常严重的损失。

在屡次遭受洪涝灾害后,江苏省委、省政府决定,在遵循科学治水规律的基础上,对秦淮河方山段采用"裁弯取直"的方式畅通河道,并在牛首山与雨花台之间开挖一条人工河"秦淮新河",以此来解决秦淮河洪水入江通道的问题。

从 1975 年 12 月起开挖河道,至 1980 年 6 月汛期前完工,秦淮新河治理工程动用了 20 多万民力,征用农田 13000 多亩,拆迁居民房 3500 多间。

秦淮新河的开凿是秦淮河治水史上投入人力最多、施工时间最久、开挖河段最长、对秦淮河水系影响最大的一项水利工程。

1980 年 6 月 5 日,刚刚建设完工并投入运行的秦淮新河水利枢纽就赶上了连日的暴雨,秦淮河上游山洪暴发,现代化的水利工程立即发挥出了巨大的抗洪威力,以 800 立方米 / 秒的流量向长江泄洪,有效地抵御了秦淮河流域的水患灾害。

秦淮新河水利枢纽是秦淮河流域最大的水利工程,位于秦淮新河入江口处。枢纽包括节制闸、抽水站,鱼道及船闸(属交通部门管理)各一座,与南京城区的武定门水利枢纽一起,共同承担流域 2684 平方千米的防洪、排涝、灌溉、水环境改善及航运等任务。

1991 年、2015 年、2016 年、2020 年秦淮河流域大洪水,1998 年、1999 年长江特大洪水,1994 年全流域特大干旱,秦淮新河水利枢纽为流域内工农业生产、防洪保安、改善城市水环境等作出巨大贡献,特别是在抵御洪涝灾害中发挥了重要作用,被人民誉为"生命站"和"流域守护神"。

随着城市化进程的不断发展,秦淮河的污染情况日趋严重,河水时黄、时红、时绿,甚至不时充斥着异味,秦淮河治理成了南京城市亟待解决的问题,"让秦淮河重新成为一条流动的河、美丽的河、繁华的河"成为一个战略目标被提上议程。

秦淮河的水环境究竟该如何整治? 秦淮水利人给出了"流水不腐"的答案。他们采取合理利用污水与自然净化水体相结合的方法,增加河道水资源量,加快水体有序流动,利用水的自净功能,降低水体的污染程度,进而提高水环境的承载能力。

从地图上看,长江、秦淮新河和秦淮河三条主要河流相交,呈"口"字形,并且存在自然水位差。秦淮水利人考虑让长江水从秦淮新河进入秦淮河,对秦淮河的污水进行稀释和冲洗,最后经三汊河河口闸再次流入长江。

2005年7月22日,秦淮河"引江调水"工程正式启动。当日,滔滔长江水奔腾涌入秦淮河,补给着秦淮河的水源。仅第一个月,秦淮河就向长江"借"水近1亿立方米,引长江水为秦淮河"洗颜"的线路长约40千米,将沿线水体置换一遍的时间为5—7天。

据江苏省秦淮河水利工程管理处的数据统计,从2005年7月22日至2015年7月22日,秦淮新河水利枢纽共开机运行2422天,抽江水69.21亿立方米;秦淮新河闸开闸引潮129天,引江水6.88亿立方米。

以一个玄武湖库容500万立方米为计量单位计算,17年(2005—2022年)的"引江调水"工程,相当于向秦淮河引调了1522个玄武湖的优质生态环境水。

根据《长江干流江苏段崩岸应急治理工程环境影响报告书》及相关历史调查资料记载,长江段目前分布有鱼类5目8科38种。

从生态类型看,主要有两类:一类是定居性鱼类,如鲤鱼、鲫鱼、鳜鱼等;二类是江河(湖)洄游性鱼类,如草鱼、鲢鱼、青鱼等。

根据鱼探仪走航探测结果显示,秦淮新河水域的鱼类资源分布主要集中于秦淮新河入江口左岸约1000米江段,鱼类平均密度最高可达50.06尾/平方米,鱼类分布区域差异化明显。

为保证秦淮河流域渔业生态平衡发展,秦淮水利人在秦淮新河水利枢纽工程设计之初,就考虑到了鱼类生态环境的保护问题,即在秦淮新河行洪河道的右岸,节制闸北堡下空箱岸墙内修建鱼道一座。鱼道全长 140 米,内设横隔板,倒竖缝式过鱼孔,过鱼孔宽 0.15—0.35 米,高 2 米,鱼道进出口设 6 平方米的水下观察室。

每年的鱼类繁殖期,长江里的淡水鱼类会通过秦淮新河的鱼道逆流而上,来到流速相对缓慢的秦淮新河产卵繁殖,在完成生命的延续后,它们又会沿着鱼道顺流而下,返回它们生活的长江水域。秦淮新河水利枢纽的鱼道为鱼类打通了一条生命线。

秦淮新河水利枢纽的鱼道(薛铮摄影)

智慧工程

　　2017年11月,在首届"江苏最美水地标"评选活动中,武定门节制闸从众多参选的水利工程中脱颖而出,获得"江苏最美水地标"称号。2022年12月,秦淮河流域的武定门节制闸、武定门泵站成功入选江苏省首批省级水利遗产名录。

武定门节制闸（陈大卫摄影）

　　武定门水利枢纽位于南京市城南武定门外,距长江入江口约13千米,由节制闸、泵站组成。武定门节制闸于1959年11月开工建设,1960年9月建成,共6孔,每孔净宽8米,设计排洪流量450立方米/秒,引潮流量150立方米/秒。汛期,秦淮河上游

2001年航拍武定门水利枢纽（图中红圈部分为武定门泵站，黄圈部分为武定门节制闸、缪宜江摄影）

涨水,节制闸开闸泄洪放水,控制过闸流量;下游涨潮,关闭闸门,防止河水倒灌。非汛期时,节制闸可以调节水位,这样不仅能保证秦淮河流域的工农业用水和航运畅通,还能美化城市环境。

武定门节制闸最早由中国科学院院士、著名建筑设计师杨廷宝教授进行外观设计,是当时南京地区最大的水利建设工程。中国建筑界素有"南杨北梁"的说法,北京有梁思成,南京有杨廷宝。杨廷宝参与设计了众多的建筑精品,如北京人民大会堂、人民英雄纪念碑、北京火车站、毛主席纪念堂、南京长江大桥等。

杨廷宝在南京设计的中山陵音乐台、紫金山天文台、雨花台、中央体育场等,都已经成为城市中的经典建筑。杨廷宝在南京留下的 57 项精品建筑中,武定门节制闸也是唯一的一项水利工程建筑。

杨廷宝设计的武定门节制闸图纸（江苏省秦淮河水利工程管理处供图）

武定门节制闸外观由杨廷宝设计（江苏省秦淮河水利工程管理处供图）

1962 年 7 月,武定门节制闸建成不久,秦淮河流域连降暴雨,节制闸及时发挥了重要的排涝作用,有效缓解了灾情。经历了多年的洪水洗礼,为城市防洪排涝作出重大贡献的节制闸亟须更新升级,它先后在 1997 年、

1999 年和 2007 年进行了三次加固改造。第三次加固改造时,秦淮水利人在保持原有工程结构不变的基础上,增设了流线型屋顶和蓝色玻璃,更新升级后的武定门节制闸的外形犹如一艘即将扬帆起航的巨轮,与秦淮河交相辉映。

武定门节制闸交通桥经过近 60 年的运行,已成为南京城南地区的交通要道,可其原先的荷载等级设计标准已经远远达不到现行规范的安全要求。为确保车辆和行人的交通安全,2020 年 9 月,武定门节制闸交通桥开始进行加固改造,后经过 89 天紧张而又高质量的施工,其于同年 12 月 18 日提前竣工,顺利通车。

武定门泵站于 1967 年 11 月开工建设,目前已安装 10 台(套)潜水电泵,设计流量 46 立方米 / 秒。泵站在设计之初遇到了重重困难,由于泵站规划建设的地点位于人烟稠密的老城南地区,又处于外秦淮河东南段的黄金要道,街市密集,可供施工的场地十分狭窄。如果按照传统设计,必然要大量搬迁,耗资巨大。

武定门泵站的总设计师由中国著名水工建筑物设计专家、中国工程院院士周君亮担任。周君亮经过实地勘察、多番考证,最终提出了"狭地生花"的方案。如果按照新的设计方案,虽可以节省资金,但风险较大,技术要求特别高。

周君亮从一种老式潮汐电站的结构中得到启发,在国内首次设计出"双向 X 流道"抽水站,集抽灌、抽排、自引、自排等多功能于一体,这样既避免了附近居民大量拆迁,又可为国家节约投资 1000 多万元。武定门泵站于 1969 年 5 月建成并投入使用,1994 年获国家优质工程银质奖。

2022 年 11 月,首届江苏省中小学生水科技发明比赛暨第二十届全国中学生水科技发明比赛落下帷幕,南京师范大学附属中学秦淮科技高中黄子宸同学的一篇获奖论文《关于秦淮河流域武定门泵站生态治水工程实践与设想的调研》对新时代的科技治水进行了调查研究,这引起了水利部门的关注。

调查报告中提到,武定门数字泵站刚刚成为江苏省首批"数字孪生"先行先试项目之一。武定门数字泵站是将以物理形式存在的水利工程数字建模,并把工程运行的数据和水利工作的原理都嵌入其中,打造出一个虚拟世界里同版同型的"数字孪生"镜像工程。武定门数字泵站也是现实生活中泵站的精准全映射和同步仿真运行,大幅提升了武定门泵站的调度运行能力和工程管理水平。

这份调研报告还通过真实的水利事件,以一个南京市民的视角解读了武定门水利枢纽所产生的重大社会效益。秦淮河受到的人工干预较多,也就意味着水环境受人为因素的影响比较大,水环境承载能力弱。河道内水生生物群落结构简单,一个不确定因素的激增,很可能会带来严重的后果。

以2022年南京市梅雨期蓝藻爆发性增殖为例,当时梅雨期偏短,雨量分布不均且偏少,伴随多云和持续的35℃高温,高水位与长江下游的高潮叠加重合,造成秦淮河水外排不畅,水体流动性严重不足。高温和富含营养物的水体为蓝藻的爆发性增殖提供了极佳的环境,秦淮河江宁段、秦淮新河段近岸处相继出现近3米的蓝藻带。

水利部门在保证主汛期防洪安全的前提下,充分利用流域重点控制工程,采取闸泵联合调度运行,自秦淮新河枢纽节制闸乘潮引水、泵站低潮引水,武定门枢纽高潮挡水、低潮全力排水的措施,提高水的流动性。水利部门的快速响应,迅速地解决了蓝藻爆发性增殖的问题,未给河道两岸居民的生活造成影响。

2022 年 6 月 24 日凌晨,受强对流天气的影响,南京市大部分地区遭遇大风和暴雨袭击,武定门闸站最大雨量为 177.0 毫米,突破水文站网最高纪录,秦淮河支流河道水位陡增。

水利部门及时研判汛情,精准调度,分时、分阶段地将工程泄洪能力调整至最大。截至 24 日下午 3 时,秦淮河东山站水位为 8.77 米,已平稳回落至警戒水位以下,武定门、秦淮新河闸站在首轮调度中安全行洪 2509.4 万立方米。秦淮河流域未发现重大安全隐患,秦淮河水利枢纽全力保障流域防洪安全。

在这些重大灾害事件的背后,现代化的治水科技功不可没,"数字孪生"科技对快速处理蓝藻爆发性增殖、应对强降雨给城市带来的内涝和确保秦淮河水质达到国考要求发挥了巨大作用。

"数字孪生"科技给水安全、水生态、水环境的可持续发展提供了强有力的保障。武定门数字泵站先行投入使用之后,武定门数字节制闸也相继运行,武定门水利枢纽全面实现"数字孪生"运行管理。

武定门数字泵站的巡检模拟系统（江苏省秦淮河水利工程管理处供图）

秦淮河入江口泾渭分明奇观（顾树荣摄影）

滨江明珠

《诗经》有云"泾以渭浊，湜湜其沚"，是指泾河和渭河在古城西安北郊交汇时，由于两河含沙量不同，呈现出一清一浊、互不相融的奇特景观，这也是成语"泾渭分明"的由来。中国很多江河湖海的交汇处都会出现这一自然奇观。

南京城西北的三汊河位于秦淮河入江口，因秦淮河、清江河、长江在此形成 Y 形江汊而得名。从航拍的照片中可以看到，碧绿的秦淮河水和黄黄的长江水形成了一条泾渭分明的交际线。

在秦淮河的入江口处，有一座颇具现代设计感的三汊河河口闸非常引人瞩目。其外形犹如人们经常配戴的遮阳防护镜，巨大的弧形闸门整体呈扇形,上下开启。三座启闭机控制房的设计,灵感来自中国国家博物馆的文物红山玉龙,闸门在工作状态时,犹如两条腾空的银色巨龙,非常雄伟壮观。

三汊河河口闸采用了全新的照明技术。每当夜幕降临时,灯光绚烂多彩、变幻莫测,与秦淮河水交织辉映,河口闸景区笼罩在一片金碧辉煌、璀璨夺目的灯海之中,秦淮河被装点得美轮美奂。双孔弧形闸门在灯光的映照下,恰似两道绚丽的彩虹,又为秦淮河增添了"双虹争辉"的奇观。

三汊河河口闸是集造型美观、结构奇特、气势雄伟、科技含量高等诸多元素于一体的现代水利工程建筑。三汊河河口闸在建造之初,经历了难以想象的困难。

在对秦淮河入江口地区的地质进行施工前的论证时,专家们看到地质钻探报告后,倒吸了一口凉气。河口闸的地基是 40 米深的淤泥黏土层,在这里建水闸,就如同在"豆腐"上盖房子,难度相当大。

为了保证水利工程的坚固与安全,闸门建好后不变形、不下沉,专家们反复试验,最终决定采取国内首创的灌注桩、搅拌桩、钢板桩、充填袋装、围堰等一系列新技术。三汊河河口闸工程于

三汊河双孔护镜闸(缪宜江摄影)

银雪飞瀑（缪宜江摄影）

2004 年 8 月 5 日开工建设,2005 年 9 月 30 日完工,总投资 1.5 亿元,采用了多项国内外首创的技术。

一组施工数据让人惊叹:闸门共使用 697 根灌注桩、4177 根搅拌桩,将单块混凝土土方量达 4700 立方米的闸室底板稳稳托住,是一个水利工程建设的奇迹。

三汊河河口闸的跨度为 40 米,基座上要安装单孔重量约 300 吨的大闸门,如何保证两个"巨无霸"启动自如,而且关闭后不漏水,又是一个亟待攻克的科技难题。经过多方论证,最后,三汊河河口闸采用亚洲首屈一指的"双孔护镜门"方案进行建造。

当时,世界上同类型的水闸也只有欧洲荷兰有一座,而且还是单孔的。三汊河河口闸取得了 4 项国家专利,并先后获得水利部设计金奖、国家设计银奖、中国水利优质工程大禹奖。

三汊河河口闸门的顶部设有 12 扇调节水位的活动小门,它们在液压缸的操作下可垂直升降,以维持不同河道的水位。闸门关闭时,河道形成水位落差,每扇大闸门中上部各留有 6 个活动小闸门过水,以调控河水水位,河水通过活动小闸门泄流到空中,从而形成瀑布。大闸门叠加溢流小门的结构形式为世界首创。水流大时,水势汹涌,构成气势磅礴的"银雪飞瀑"景观;水流小时,波光粼粼,别有一番情趣。闸门顶部还设有弧形游廊,参观者走在上面,如在水上行走。

三汊河河口闸有效地调节和控制了秦淮河南京河段的枯水

季水位,通过从石臼湖、长江引水,增大河道水体的流量,加快水体的更新速度,促进水体的自净能力。水利部门在秦淮河非汛期关闸蓄水,抬高秦淮河武定门至三汊河入江口河段的水位,根本性地改善了河道的景观与水质,并通过提高水环境容量,改善外秦淮河水质,三汊河河口闸成为秦淮河环境综合整治工程的重要组成部分。

三汊河河口闸工程,体现了南京城市的发展水平,展现了生态发展的风貌,将自然环境与人居环境融为一体,创造了人与自然和谐共生的绿色发展体系。今天,它已成为秦淮河的风光带,乃至长江下游沿岸独树一帜的滨江特色景观。

秦淮河上龙舟竞渡(缪宜江摄影)

淮水旧时月
（顾树荣摄影）

第三章　淮水旧时月

序　言

唐代以前，秦淮河一度也称"淮水"。

刘禹锡《金陵五题·石头城》中的佳句"淮水东边旧时月，夜深还过女墙来"为我们拨开了烟笼寒水的历史纱幕，带我们走进了一个诗词、音乐、绘画、科技繁盛的文化艺术世界。

秦淮河被誉为"中国第一历史文化名河"。古往今来，多少名篇佳作在这里诞生，多少帝王将相、才子佳人为其绰约风姿而倾倒，又有多少翰墨丹青、名曲雅韵从乌衣诗巷、赏心词亭飞入寻常百姓家。

爱上秦淮，不需要太多理由，大美不言，一往情深。蘸一笔唐朝的淡墨，书一段金陵明月的往事。

天下文枢

　　每一个来南京的人，都会去一次夫子庙，夫子庙就是南京城市的灵魂。

　　在全国各地，用来祭祀和尊奉古代著名思想家、教育家孔子的殿堂都被称为"孔庙"或"文庙"，只有南京人最接地气地称其为"夫子庙"，这是不是南京人不拘小节的一种体现呢？

　　东晋建武元年（317年），王导上疏请修学校。东晋咸康三年（337年），晋成帝开始在秦淮河南岸重建太学，史称"国学之兴"。

　　当时，王导只是建立了学宫，并未修建孔庙，直至北宋景祐元年（1034年），宋仁宗才将东晋学宫移至秦淮河北，并在学宫之前建庙祭奉孔子，这才形成今天前庙后学的格局。

　　南宋时期，夫子庙东侧兴建贡院作为府、县科举考试的场所。到了明代，江南贡院已经成为"天下贡举首"。

　　清代，江宁（今南京）成为江南省（江苏、上海、安徽地区）的省府，科举考场设在南京，所以夫子庙的贡院被叫作"江南贡院"，它是中国古代规模最大的科举考场。

　　江南贡院培养了大量的优秀人才，从江南贡院走出的名人有唐伯虎、方苞、陈独秀等，林则徐、曾国藩等清代重臣也曾在江南贡院担任过主考官。

根据明清进士名录统计,自明洪武四年(1371年)首科至清光绪三十年(1904年)末科,共录取进士51681人,其中江南考生7877人,占全国进士比例的15.24%。明清两代,每7个进士里,就有1个出自江南贡院。

状元有着"天子门生"之称,明代89名状元中,有四分之一出自江南贡院;清代的状元共有112人,从江南贡院走出去的就有58人之多。秦淮河是中国古代官员的摇篮。

在江南贡院基础上改扩建的中国科举博物馆,是中国最大的科举文化综合性展馆。中国科举博物馆主体长36米,宽36米,高20米,整体沉入地下。

巨大的古代书箱造型,鱼鳞一般的瓦片外墙,寓意着鱼跃龙门;用书简堆砌而成的内墙,又有读万卷书之意;顶部设计成方形砚池,池中可以倒映出江南贡院的地标建筑"明远楼"。

博物馆从地面下去,一共有4层130米,1米抵10年,刚好寓意科举1300年的历史。逛完博物馆,也就走过了1300年的中国科举史。整个博物馆设计感十足,又不乏历史、书香的味道,也是中国最大的地下式博物馆。

夫子庙是由孔庙、学宫以及东侧贡院三个部分组成的大型古建筑群,而其中孔庙和学宫的建筑是沿南北中轴线布局、跨秦淮河而建的。其整体建筑的开端大照壁位于秦淮河南岸,全长110米,高约10米,为全国之最。

全国各地的孔庙都遵照山东曲阜鲁国泮宫前的水池来修建泮池,泮池的建造理念源自《周礼》,南京夫子庙利用秦淮河的天然河道作为泮池,放眼全国也是绝无仅有的。

大照壁、泮池、天下文枢牌坊、文德桥、魁光阁、秦淮河房形成秦淮河时空交汇的最佳组合,也成为南京著名的城市名片。

大成殿是夫子庙的核心建筑,殿前的青铜孔子雕像和殿内的孔子画像均是全国之最。大成殿后西侧陈列的四块古碑也非常珍贵。

刻于南朝齐永明二年(484 年)的《孔子问礼图碑》是南京夫子庙的镇庙之宝之一,碑身内容是鲁昭公二十四年(公元前518 年),孔子从家乡曲阜去周王城洛阳考察典章制度,寻求巩固鲁国奴隶主政权办法的经历。

《集庆孔子庙碑》《封至圣夫人碑》《封四氏碑》是南京地区仅存的三块元代古碑,具有很高的历史研究价值。

天下文枢牌坊
(陈大卫摄影)

明代万历年间重建夫子庙时,在泮池码头前修建了天下文枢牌坊,简单明了的四个大字呈现出南京是天下文学和文化的中心。

南京的确也担得起这份荣誉和称赞。文化是多元的,除了文学之外,医学、建筑、科技等都是构成文化体系的要素。

圆周率诞生地

2019 年 11 月 26 日,联合国教科文组织第 40 届大会上正式宣布 3 月 14 日为"国际数学日",以此来凸显数学在我们日常生活中的重要性。

这个节日的昵称是"π 日(Pi Day)",之所以定在 3 月 14 日,是因为"3.14"是圆周率数值最接近的数字。

1500 多年前的秦淮河畔,南朝刘宋时期的祖冲之任职于当时全国最权威的科研学术机构"总明观"(相当于现在的中国科学院),他可以在这里接触大量的藏书,包括天文、历法、算术等方面的书籍,从而获得充足的知识储备,为自己日后的学术研究奠定了坚实的基础。

祖冲之算出圆周率在 3.1415926 和 3.1415927 之间,精确到小数点后的第 7 位,他因此入选世界纪录协会世界第一位将圆周率值计算到小数点后第 7 位的科学家。这个纪录直至 1000 年之后,才被 15 世纪的阿拉伯数学家阿尔·卡西打破。

祖冲之还确定了两个分数形式的圆周率值:22/7(约率)和 355/113(密率),其中密率精确到小数点后第 7 位。祖冲之对圆周率数值的精确推算,对于中国乃至世界都是一个重大贡献。

祖冲之在数学方面的又一杰出成就是他的著作《缀术》,《缀术》在唐代被收入《算经十书》,成为唐代国子监的算学课本。

除了数学,祖冲之还在天文历法、机械制造、音律方面有很高的造诣和成就,是一位博学多才的科学家和发明家。

　　祖冲之出生在建康（今南京），其一生的72年中，有60多年都是在建康生活的。

　　著名数学家华罗庚在他的《从祖冲之的圆周率谈起》中对祖冲之进行了高度评价："祖冲之不仅是一位数学家，同时还通晓天文历法、机械制造、音乐，并且还是一位文学家。祖冲之制定的《大明历》，改革了历法，他将圆周率算到了小数点后七位，是当时世界最精确的圆周率数值，而他创造的'密率'闻名于世。"

　　1964年11月9日，为了纪念祖冲之对中国和世界科学文化作出的伟大贡献，紫金山天文台将1964年发现的小行星1888命名为"祖冲之星"。

　　此外，为纪念这位伟大的古代科学家，1967年，国际天文学家联合会把月球上的一座环形山命名为"祖冲之环形山"。

《本草纲目》诞于南京

1951 年 11 月 7 日,在世界和平理事会维也纳会议上,中国明代的李时珍作为唯一的医药学家,被列入世界文化名人的首批名单之中。

李时珍,明正德十三年(1518 年)生于湖北蕲州(今湖北蕲春县)的一个中医世家。他少年聪慧,14 岁时便考中了秀才,然而他对于科举考试并不感兴趣,一心沉醉于医药的世界里。

他走出家门,到深山密林之中采摘药材,深入山间田野,实地对照、辨认药物。平时,他还会研究相关的本草类及医学类书籍。在抄写医方时,他发现当时的本草类书籍收药不全,名称混乱,多有讹误。

李时珍长期四处寻访,每到一地,他都会向当地人学习医药知识,许多药材他都亲自品尝,判断药性和药效,积累了大量的医药资料。

自嘉靖三十一年(1552 年)起,李时珍一边行医,一边写书。这一时期,李时珍开始进行实践研究,为取得第一手资料,他常冒着生命危险进行实验。

为体验曼陀罗这种药的麻醉作用,李时珍亲身试验,直到精神恍惚、失去痛觉。他经过多次尝试,终于得出大豆要加上甘草才具有解毒功效的结论。

蕲州有一种蕲蛇是一味名贵的药材,李时珍在捕蛇人的帮助下,冒着生命危险,爬上险峻的山峰,深入了解捕蛇、制蛇(药材)的全过程,并详细地记录了蕲蛇的外形、习性、药用价值等,纠正了许多医书上对蕲蛇的一些不正确的记录。

李时珍看到《日华子诸家本草》这本书把虎掌与漏篮子写成了同一种药物，经过研究后，他发现虎掌是有毒的，跟无毒的漏篮子是两种药材。

南北朝时的名医陶弘景认为巴豆是一种泻药，而李时珍根据自己的实践证明，巴豆用量大时是泻药，用量小时则可以止泻。

穿山甲有药物的作用，但是穿山甲是怎么吃蚂蚁的，他只在书上看到过，于是他亲自去观察。

《本草纲目》里有动物学，植物学、矿物学等，不光是一部医书，更是一部百科全书。

万历六年（1578年），李时珍历时27年，参考了800多种书籍，历经3次修改，终于编撰完成了《本草纲目》，这一年他61岁。

这部巨著完成之初，李时珍准备出版发行，可是家乡周边地区没有一个机构可以承印这个卷册众多、内容浩繁的书稿。

第二年，李时珍来到了出版业发达的南京。明代，南京的书坊先后有100多家，其中绝大部分在夫子庙三山街沿线。

三山街书坊的密集程度，居天下第一，书坊以家族经营为主。《桃花扇》中有关于三山街书坊的描述："天下书籍之富，无过俺金陵；这金陵书铺之多，无过俺三山街；这三山街书客之大，无过俺蔡益所。你看十三经、廿一史、九流三教、诸子百家、腐烂时文、新奇小说，上下充箱盈架，高低列肆连楼。不但兴南贩北，积古堆今，而且严批妙选，精刻善印。俺蔡益所既射了贸易诗书之利，又收了流传文字之功；凭他进士举人，见俺作揖拱手，好不体面。"

在南京期间，李时珍除了行医，还继续收集资料、采药辨药，不断完善书稿，李时珍曾登上牛首山采药。

李时珍寓居在下关静海寺时,观察和研究了郑和从南洋诸国带回来的草药,大大提高了自己对西洋药材的认识。

与此同时,李时珍一直在思考怎样才能出版自己的书稿。之后,他前往太仓,拜访了当时的文坛领袖王世贞,想请他为自己的著作写序,这样有助于著作顺利出版。

王世贞虽然是个文坛大儒,但本身也精通医理,他发现《本草纲目》的书稿中仍有很多不足,必须花大力气去修订与补充。

王世贞答应作序,但同时希望李时珍不要急于刊刻,书稿还有完善和提升的空间。此后,李时珍带领家人、学生继续行医寻药,不断修订、充实书稿。

十年之后,李时珍带着修改好的《本草纲目》再次拜访王世贞。面对古稀之年却依然为出书而奔波的李时珍,王世贞心里大为震撼和感动,欣然提笔为《本草纲目》作序。

王世贞的序文仅用了600多字,却凝练总结了《本草纲目》的精妙之处,还对李时珍多年来的努力大加称赞。后来,南京书

牛首山（顾树荣摄影）

商胡承龙同意出资刊印《本草纲目》。

为了书稿的出版质量,年迈的李时珍不断往返于南京与蕲州之间勘验书稿。明万历二十一年(1596 年),《本草纲目》终于在南京刊印问世,这个初刻版本被世人称为"金陵本"。

令人遗憾的是,李时珍最终没有等到《本草纲目》面世。在书即将出版时,李时珍溘然长逝。

《本草纲目》全书 52 卷,共计 190 多万字,载有药物 1892 种,其中植物 1195 种,收集医方 11096 个。

《本草纲目》中还附有药物形态图 1100 多幅,是中国医药史上的集大成之作,并在世界上卓有影响,被英国生物学家达尔文称为"中国古代的百科全书"。

中国药科大学是中国历史上第一所由国家创办的高等药学学府,也是国家"211 工程"、国家"双一流"建设高校,校址设在南京,这也许是对李时珍及其撰写的《本草纲目》的一种致敬吧!

小城砖　大智慧

"城门城门几丈高,三十六丈高,骑大马,带把刀,走进城门抄一抄。"这首地道的南京童谣一至传诵至今。明城墙在每一个南京人的心中,都是一份永恒的记忆。

秦淮河进入南京主城区后,在通济门东水关处分流成内、外秦淮河,两条支流的流向也就此发生改变。当它们各自流到城南中华门城堡时,内、外秦淮河逐渐平行走向,形成二水中分中华门的奇特现象。

中华门城墙这一段的建造,堪称是整个明城墙的标杆之作。中华门在明代时叫"聚宝门",南京民间一直流传着"沈万三聚

二水中分中华门
（王腾摄影）

宝盆"的传说。

明初,筑城修建到聚宝门时,屡建屡塌,工程进度一再拖延,想尽了一切办法,始终无法解决问题,人们纷纷猜测这城门底下有怪兽。

朱元璋的谋士进言,这需要用富可敌国的沈万三家里的聚宝盆来镇压。于是,朱元璋向沈万三借来聚宝盆,埋在城门的地基下,这才解决了难题。当然,传说毕竟是传说,只能为这壮观的城门增添几分神秘的色彩。

如果从现代建筑学的角度来看,中华门城墙受到南北相距不到 200 米的内、外秦淮河河道的夹击,地基土质松软,所以此段城墙的建造一定会比其他地段的要复杂困难得多。

中华门之所以比其他城门更坚固,也是因为其采取了因地制宜的方法:城墙底部的基石宽大,城墙砖之间垒砌的缝隙不等,四重城墙的构造均考虑到了抗震性,从而达到了坚实稳固的效果。

中华门城墙上几乎每一块青灰色城砖的砖身上都刻有详细的"说明书",上面清楚地记录着城砖烧制过程中每个责任人的姓名,自上而下地形成了一套完整的责任制度,层层管理,落实到人。

城砖的烧制由全国 32 府 148 个州县共同承担,军队的卫、所和工部营缮司等也要承担制坯、烧造的任务。各地运到南京城的城砖一旦发现质量和数量问题,就可以根据城砖上的烧制单位及姓名追究责任,这也成为现代工程质量责任终身制的源头范本。

根据 2021 年相关资料显示:建造南京城墙,需耗费铭文城砖约 3.5 亿块,连在一起约 14.88 万千米,可绕地球赤道 4 圈多。

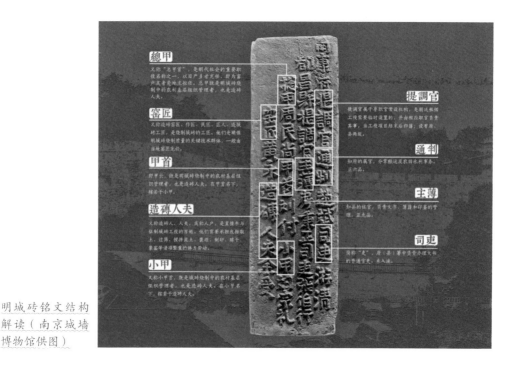

明城砖铭文结构解读(南京城墙博物馆供图)

在现代建筑质量体系里,砖混结构建筑的使用寿命基本上是 50 年,超过 50 年的建筑就要进行安全等级评定。经过一定年限,影响建筑质量的混凝土会出现黏聚性减弱的情况,建筑就会存在抗震能力降低、结构强度下降等安全隐患,这时,建筑要么拆除,要么进行加固改造。南京明城墙的城砖间是使用特殊的黏合材料拼砌的,所以历经 600 多年仍十分坚固。

现代化的工程建设中,无论是高楼大厦、高速公路,还是堤防大坝,都离不开水泥。水泥加水、砂、石等搅拌后形成混凝土,成为被广泛使用的建筑材料。

现代水泥于1824年由英国人发明问世,距今也才不到200年,而600多年前的明朝,中国的匠人是如何建成宏伟坚固的明城墙的呢?

明城墙使用的墙砖黏合剂是真正的中国配方——夹浆,夹浆的成分含有桐油、石灰、黄土等,甚至民间还一度流传掺入了大量的糯米汁、高粱粥,经过现代检测,南京明城墙的黏合剂里的确含有淀粉成分。

可是,现代化的检测手段仍不能完全检测出夹浆的全部成分,甚至还有专家分析出夹浆的成分里有动物油脂,即可能含有南京人爱吃的鸭子的鸭油成分。合理推断一下:明城墙的建造是否也推动了南京鸭馔的发展呢?

南京明城墙的设计有一套科学的三维排水系统。明城墙顶部的走道按照中间高、两边低来进行设计修砌,两侧设排水沟,间隔排列有出水口。城墙内部有暗道的设计,雨水可以通过暗道从墙体的排水口泄出。如今,人们仍然能在夏季暴雨时看见"龙吐水"这一奇特景象。

明城墙的排水调蓄系统也非常完善和先进,不但可以承担排水任务,而且在调蓄涝水方面起到了重要作用。其合理利用城墙与城内河湖连接的特点,在城墙底部设置水关或涵闸,这些都是城墙排水系统的重要组成部分,从而组成了四通八达的城墙水系网络。

无数块凝结古代人心血的明城砖最终筑成了举世闻名的南

京城墙。在那个时代,城墙的主要作用是军事防御和防洪。

历经 600 多年的风雨沧桑之后,历久弥坚的城墙更像是默默守护城市文明进程的老者,成为这个城市的文化遗产。

小小城砖折射出的智慧仍在今天发挥着重大作用。

科学的南京——中国近现代气象学的发端

1800 年前,孙权定都建业后,大兴水利工程,在建业都城内开凿了运渎、东渠、潮沟、城北渠,这些人工运河使得六朝时期的建康城水系发达,至今仍影响着南京城的水环境。

到了明代,朱元璋为了纪念为开国捐躯的功臣将领,在鸡笼山上建造了功臣庙,并疏浚了运渎北段,从而方便百姓乘船去祭奠。

乘船去鸡笼山进香,一度成为南京城的一个重要风俗,运渎因此俗称"进香河"。经历了时代的变迁,如今的进香河已经成了一条埋在地下的暗河,形成了只有河名而不见河的奇特景象。

鸡笼山还是中国近代天文学、气象学的发端之地,其在科学家们的心中就是一方圣地。

早在南朝刘宋时期,鸡笼山顶就建了第一个日观台,既可以观天象,又可以测风候,山下又建成了文学馆、史学馆,文史学家们在这里开坛讲学、著书立作,鸡笼山成为当时中国的学术文化中心。

元朝至正元年(1341 年),鸡笼山顶建起观象台,放置了由著名科学家郭守敬设计并制造的简仪、日月食仪等天文仪器。

洪武十八年(1385 年),朱元璋在鸡笼山顶正式建起国家天文台,隶属于钦天监,称"钦天台",这座观象台比 1675 年建成的

鸡笼山上的江苏省气象台（顾树荣摄影）

英国格林尼治天文台还要早近 300 年。

　　明代中期，意大利传教士利玛窦来南京考察后，在《利玛窦中国札记》中记述：“南京数学家的天象台建在城里的一座小山上，仪器比北京的更大也更精美。因为修造这些仪器时，正好朝廷也在这个城市。”

　　利玛窦虽然自己从意大利带来了很多天文仪器，却对在南京看到的天文仪器高度称赞。

　　清康熙七年（1668 年），康熙皇帝下令把南京观象台的仪器全部运到北京，鸡笼山上的钦天台被废弃。

　　近代以来，世界气象科学发展迅猛，1783 年，第一个载人氢气球上天；1820 年，用近代气象监测资料绘制的天气图问世。这一时期，我国清政府闭关锁国，气象科学毫无发展，几近停滞。

　　1910 年，20 岁的竺可桢考取了第二期留美庚款公费生，他先是抱着“以农立国”之志，进入伊利诺伊大学农学院学习。毕业后，他进入哈佛大学地学系，潜心研读与农业关系密切的气象学。

1914年6月，任鸿隽、周仁等留学生在美国康奈尔大学成立"科学社"，同时创办《科学》杂志，旨在传播科学知识和科学思想。

1915年10月，科学社正式定名为"中国科学社"，竺可桢成为中国科学社的第一批成员，并很快成为《科学》杂志最重要的作者之一。

竺可桢先后发表了《中国之雨量及风暴说》《台风中心的若干新事实》等多篇论文，成为"科学救国"思想的代表人物。

这一时期，中国科学社的骨干成员大都在学成归国后选择去南京任教或任职，南京因此聚集了一大批中国科学社成员，后又成立了中国科学社南京支社。

1920年，学成归国的竺可桢任教于南京高等师范学校，讲授气象学、地理学等。

1921年，竺可桢任东南大学地学系主任，在此期间，他发表了东南亚台风、天气型、历史上气候变迁等一系列专著。

1928年，竺可桢应中央研究院院长蔡元培之聘，在南京北极阁筹建中央研究院气象研究所，并担任所长，还出版了中国近代第一本气象学著作《气象学》。北极阁气象台成为中国近现代第一个国家气象台，培养出了大批气象专家，成为中国气象人才的摇篮。

竺可桢在南京工作期间，身兼中央研究院气象研究所所长和东南大学地学系教授两职。在课堂上，竺可桢向学生讲解云贵高原为何频发地震，青藏高原对印度洋季风的影响，鼓励年轻学生到西部边陲地区去开拓气象事业。

1934年，竺可桢的学生徐近之前往西藏拉萨筹建气象站，后经过两年的艰苦作业,他终于在青藏高原上建立了第一个气象站。

1935年夏,竺可桢应邀前往青年会中学(今南京第五高级中学)作气象讲座。后来,竺可桢了解到这个学校学生的家里大都比较贫困,于是他主动为这些贫困学生捐了钱,还发动东南大学地学系的教授们共同向他们伸出援手。

竺可桢在南京工作期间,曾助学过几十名大、中学生,伟大的科学家在六朝古都留下了不少佳话。

北极阁气象站的竺可桢铜像(黄欣摄影)

国卷丹青

秦淮河一如百里流淌的丹青长卷,铺陈开了中国绘画史上的绚烂色彩,流连于传世国宝的画卷中,与历史同游。

《竹林七贤与荣启期砖画》——中国古代的智力拼图

中央电视台《国家宝藏》第一季的收官之作介绍了南京博物院馆藏的三件宝藏,最后一件《竹林七贤与荣启期砖画》受到了全场的关注。

南京博物院馆藏的这组南朝陵墓砖画,是出土于南京西善桥附近的一座南朝宋后期的大墓。秦淮新河旁的西善桥地区是南京农业文明的起源地之一,秦淮先民早在 5000 多年前就生活

南京博物院《竹林七贤与荣启期砖画》(张鲁摄影)

在这里的太岗寺了。

六朝时期,西善桥地区成了皇族死后葬身的风水宝地。南京周边丹阳建山齐废帝陵、丹阳胡桥齐景帝陵等五座南朝墓内均出土有《竹林七贤与荣启期砖画》,这些砖画的人物形象描绘、构图、风格大致相同,只是在人物排列顺序、某些细节及题字上略有差异。

西善桥出土的这组砖画技艺精湛、线条流畅,在所有这些砖画中是艺术水平最高的,也是我国目前发现最早、保存最好的一组砖画。

如果把砖画类比为拼图,有助于人们快速了解砖画的制作过程。

首先得有画本,工匠先将画家绘好的画本翻刻在木板上,然后按砖面大小切割成若干块木刻印模,再将图纹压印在砖胚上,最后烧制成型后拼砌。

与现代人玩的拼图不同的是,砖画由 200 多块古墓砖组成,且每块砖的侧面都有文字标记和符号标记,工匠们只要按照文字和符号拼搭,就能高效地完成任务。

竹林七贤是倍受中国文人推崇的魏晋南北朝时期的七位名

士,他们的形象也成为中国文人的代表。

嵇康、阮籍、山涛、王戎四人在一幅砖画中。

嵇康被誉为竹林七贤之首,文采超群,豁达率真,擅长弹古琴曲,砖画中的嵇康正在怡然自得地抚琴;阮籍不拘小节,且爱酒,擅长长啸,砖画中的阮籍正在撮口长啸;山涛手执酒碗,洒脱不羁的名士风度跃然砖画之上;王戎仰首赤足,姿态慵懒,自得其乐。

向秀、刘伶、阮咸与荣启期四人在一幅砖画中。砖画中,向秀闭目倚树,似乎在沉思;刘伶手持耳杯斟酒,一副醉意朦胧之态;阮咸挽袖拨阮,沉浸在音乐之中。

这幅砖画中多了一位与竹林七贤相隔700多年的春秋时期的隐士荣启期,传达出砖画的创作者赞赏荣启期与竹林七贤一样,具有超然世外、知足常乐、怡然当下的生活态度。

八人均席地而坐,各自呈现出一种最能体现自己个性的姿态。

从绘画风格上研究,砖画中人物造型严谨,衣褶线条采用了"高古游丝描",与顾恺之《列女仁智图》中的人物形象描绘和用笔习惯很接近。

这组砖画中的每个人物之间均以银杏、槐树、青松、垂柳、绿竹相隔,这样的场景表现手法又和顾恺之《洛神赋图》中的背景相同。

唐代张彦远的《历代名画记》中曾提到,顾恺之曾画阮咸与"古贤"荣启期像。所以,有研究者认为这幅《竹林七贤和荣启期砖画》原稿极有可能出自顾恺之之手。

也有研究者认为,这幅砖画的原稿有可能是顾恺之的弟子陆探微所作。陆探微人物画的用笔讲究连绵不绝、错落有致,墨线行笔紧细,气脉贯通,画风劲健挺秀,他与顾恺之被并称为"顾陆"。

无论这组砖画的原作者是顾恺之还是陆探微,都为研究魏晋南北朝时期的绘画提供了可靠而翔实的资料。

虽然这组砖画的艺术成就很高,但有研究者发现了一个隐藏千年的错误。

砖画中,嵇康抚琴的那张古琴是反向的,古琴演奏时,琴首是置于右手位置的,而砖画中的古琴却放反了。可能是当时的砖印匠人在制作模具时没有考虑到镜像反置,所以古琴就呈现出了错误的摆向。

《洛神赋图》——中国最早的故事绘本

大唐开元十九年(731年),20岁的杜甫收拾好行装,开始了他人生中的第一次旅行。他从洛阳乘船出发,沿广济渠经淮河渡长江来到了江宁(今南京)。

在江宁,杜甫结识了好友许八,他和许八一同参观了南朝名寺瓦官寺(一作瓦棺寺),瓦官寺中因有东晋大画家顾恺之的壁画《维摩诘经变图》而闻名于世。

许八还给杜甫展示了这幅壁画的样稿图,令杜甫记忆颇深。后来,杜甫在长安任左拾遗一职,昔日的好友许八与杜甫又成了同事。

乾元元年(758年)正值安史之乱,许八准备回老家江宁探亲。杜甫写了两首诗,其中一首是请许八带回江宁赠给旧友旻上人的。

另一首诗《送许八拾遗归江宁觐省》前有杜甫的自注:"甫

昔时,尝客游此县,于许生处乞瓦棺寺维摩图样,志诸篇末。""看画曾饥渴,追踪恨森茫。虎头金粟影,神妙独难忘。"这将当年杜甫与许八在瓦官寺同观维摩图样的情景生动地展现了出来。

"金粟影"就是维摩诘壁画,顾恺之作画的小屋被称为"金粟庵"。

顾恺之又名"长康",小名"虎头"。他诗赋书画无不擅长,尤其精于绘画,其画法、画论对中国绘画艺术影响甚大。至今,南京城西南来凤街附近金粟庵东门的门楣上还刻着"虎头余绪",标示出它与顾恺之以及瓦官寺的历史渊源。

南朝宋县宗法师所写的《京师寺记》讲述了顾恺之作画的经过:364年,瓦官寺初建之时,僧人在士家大族中进行了一次募捐,可最后募捐所得竟没有超过十万钱。

顾恺之当即表示要捐一百万钱,僧人们对此都持怀疑态度。顾恺之请僧人在寺中准备一面墙壁,他闭门一个月,画好了维摩诘像,但没有为画像点眼珠。

第二天,顾恺之让僧人打开寺门,请人们来看他为维摩诘点眼珠。他规定第一天来的,每人捐十万钱;第二天来的,每人捐五万钱;第三天来的随便捐。

结果第二天他点完眼珠后,整个房屋都被照亮了,前来围观的人挤满了寺院过道,这立即引起了全城轰动。众人争相入寺,一睹维摩诘的神采，一时间大家纷纷捐钱，很快就募集了百万钱。

唐代许嵩在《建康实录》中记述："长康又曾于瓦官寺初置北殿，画一维摩，画讫，光耀一月余日。"

顾恺之的旷世巨作《洛神赋图》位列中国十大名画之首，原画卷为设色绢本，现已失传。我们现在看到的《洛神赋图》是宋代的四件摹本，分别收藏在北京故宫博物院（两件）、辽宁博物馆和美国弗利尔美术馆。

经过研究，专家们大多认为北京故宫博物院里两件画作的人物形象与顾恺之及瓦官寺维摩诘画像的渊源最深。

《洛神赋图》是顾恺之读了三国曹魏时期文学家曹植写的《洛神赋》有感而作的。画家以极其丰富的想象力和艺术技巧对文学作品进行再创造，画面奇幻而绚丽。

顾恺之在画卷中塑造出了嬉戏的众神仙，鹿角马面、蛇颈羊身的海龙，豹头模样的飞鱼，六龙驾驶的云车等一系列充满浪漫主义的形象。奇禽异兽穿插在山川、树木、流水等自然景物之间。

画卷中的人物安排疏密得宜，在不同的时空中自然地交替、重叠、交换，众神仙、洛神和岸上的人物形成了动静对比，曲折细致而又层次分明地描绘出曹植与洛神真挚纯洁的爱情故事，营造出缥缈奇幻的神秘意境。

《洛神赋图》的每一个故事单元几乎都有对水的刻画，顾恺之在水势、水态、水性的线条描绘上千变万化，无一雷同。顾恺之的线条描绘有时舒展自如，有时平滑光洁，在故事的高潮部分又有荡漾回旋，这使得整幅画卷呈现出优美抒情的浪漫氛围。

顾恺之充分发挥了艺术想象力，将曹植《洛神赋》中的文学形象跃然于画作之上，《洛神赋图》就像一本故事绘本，生动地将经典流传至今。

《韩熙载夜宴图》——最强大脑记录的情报图

1945 年 8 月,随着抗日战争取得全面胜利,沉寂多年的北京古玩市场又恢复了昔日的热闹与繁华。

这一年深秋,国画大师张大千重返北京,以 500 两黄金的价格预购了一座前清王府宅第,准备定居于此。与房主谈妥价钱、交付定金后,张大千却听说了一个惊人的消息,五代南唐画家顾闳中的《韩熙载夜宴图》已被北京玉池山房古董商马霁川收购。

《韩熙载夜宴图》历经千年流转,于清康熙年间被四川巡抚年羹尧所得,雍正时期年羹尧获罪被诛,画作被抄没进入清宫内府,乾隆皇帝十分珍爱此画,著录于《石渠宝笈初编》。

1921 年,《韩熙载夜宴图》被末代皇帝溥仪从宫中携出变卖,国画珍品从此流落民间。

当天晚上,张大千便前往玉池山房。张大千与掌柜马霁川交情深厚,于是他开门见山地问及此画。马霁川从内室取出一个用锦缎包裹的包袱,小心翼翼地展开。看到这幅绝世名作《韩熙载夜宴图》,张大千心中惊喜不已,当即决定买下此画。

马掌柜张口开价 500 两黄金出售此画,没想到张大千不假思索就答应了。可怎么才能凑出买画的钱呢?张大千当即作出决定:舍豪宅而购名画。

第二天,张大千筹足了黄金,交付玉池山房,将《韩熙载夜宴图》收入名下。喜获名画后,张大千一连几天闭门谢客,潜心研究,还专门刻制了一枚"南北东西常相随难分离"的印章。

1951 年,张大千移居国外,但又不忍心国宝流落海外,于是,他把自己最心爱的南唐顾闳中画的《韩熙载夜宴图》以不足原价十分之一的价格转让给了故宫博物院。

如今,《韩熙载夜宴图》被珍藏在北京故宫博物院,成为镇馆之宝。

时光倒回至南唐金陵城的某夜,后主李煜的两位画院待诏顾闳中、周文矩前往秦淮河边戚家山的韩熙载府邸做

雨花台梅岗韩熙载像(黄欣摄影)

客,一时宾朋满座,急管繁弦,舞影婆娑。《景定建康志》中记载,戚家山在城南天禧寺东,也就是今天南京的晨光 1865 至养回红村一带。

琵琶天后李姬弹奏的曲子让在场宾客听得如痴如醉,新科状元郎粲甚至用手指打起了节拍,著名舞姬王屋山也在琵琶声中跳起了六幺舞。主人韩熙载兴到浓时,卷袖击鼓。

再奢华的夜宴也有谢幕的时候,韩熙载伫立中央,左手致意送客,右手背在后面,握着一对鼓槌,脸上却挂着不易察觉的凝重,是对曲终人散的不舍,还是他觉察出了两位画家此行的目的?

史上对于韩熙载有很多解读,他是南唐时期的三朝元老,这个短命的王朝到了最后一任国主李煜的手上,已经是岌岌可危了。

也许是韩熙载已经预感到了王朝即将覆灭,干脆就寄情声色,不理朝政;或者是面对李煜对他的猜忌,他干脆选择躺平。不管是哪种,他都成就了中国十大名画之一《韩熙载夜宴图》的诞生。

当时参加夜宴的两位画家,回去后各自画出了夜宴图并呈交给皇帝,李煜看到画作后,也只能是一声叹息。

周文矩的那幅画随着南唐的灭亡而湮没于世,顾闳中的这幅画后来流转到了北宋大内,并记著于《宣和画谱》,开始了它精彩的传世之旅。

《韩熙载夜宴图》以连环长卷的方式,展现了南唐重臣韩熙载家设夜宴、载歌行乐的场景。画卷中的五个桥段,每一段皆巧妙地以屏风相隔,各具故事性和观赏性。

画家顾闳中仔细观察,不放过任何一个细节,把夜宴的情境描绘得淋漓尽致。这幅巨作画有 40 多个神态各异的人物,所有人物的音容笑貌皆栩栩如生,各个性格突出,神情怡然。

如果把《韩熙载夜宴图》评价为最强大脑记录的情报图也恰如其分,毕竟画家最初就是带着皇帝的使命去参加夜宴的。

画家们把看到的、听到的、吃到的都事无巨细地展现在画中,从一个生活的侧面,生动地反映了南唐时期的风貌,为后世研究当时的历史提供了第一手珍贵的资料。

《南都繁会景物图卷》——解密大明南京的《清明上河图》

2006 年 3 月 17 日,江苏省演艺集团昆剧院力作《1699·桃花扇》在北京保利剧院首演成功,这在首都的文艺界引起了轰动。该剧由国家话剧院著名导演田沁鑫执导,中、日、韩三国艺术家共同打造,剧中演员平均年龄为 18 岁。

这部剧的舞台美术设计也颇具匠心,其一改传统戏曲演出中的一桌两椅,舞台上设计了颇具秦淮河风韵的回廊,演员上下场就在回廊两侧起坐。

细心的观众会发现,朦胧质感的半透明白纱替代了回廊的花墙,营造出了"烟笼寒水月笼沙"时夜泊秦淮的意境。

白纱上印着《南都繁会景物图卷》。剧中的人物在纱幕前穿梭往来,纱幕后的乐队若隐若现,他们共同交织上演着只属于秦淮河的悲欢离合。

《南都繁会景物图卷》现藏于中国国家博物馆,这幅长达 3.5 米的长卷上绘有群山 1 组、河流 4 条、道路 9 条、桥梁 5 座、建筑 30 多栋、船舶 19 只、招幌 109 种、人物 1000 多个,真实生动地再现了明代后期南京秦淮河两岸经济的繁荣和社会的生活百态。

与北宋张择端名画《清明上河图》异曲同工的是,《南都繁会景物图卷》也是从春意盎然的乡野出发,临近城市,人流、屋舍渐多,进入城市,街巷纵横交错,建筑鳞次栉比。

商铺、酒楼、茶社、当铺、钱庄、相馆、画寓、戏台、浴堂、官衙、庙宇、民房等错落其间,各类招牌引人注目。

秦淮河穿过画面,一座三孔石桥跨河而立,河面上的画舫、渔船往来穿梭。主街上有四座牌坊,其中三座牌坊上能看到"南市街""北市街""绣衮"的字样。

画面中除了展现秦淮河两岸商业的繁华,还真实地还原了明代南京地区主要的民俗活动,有踩高跷、舞龙戏狮、戏曲表演和鳌山灯会等。

街市后方是绵延的山峰,逶迤的山间小道上行进着表演的队伍。

随着观画视线左移,喧闹的街市渐渐消失,在雾霭之中,金碧辉煌的殿宇楼阁若隐若现。

这幅长卷留下了太多的历史密码,成为现代人争相研究的明代范本。

画作结尾处署有"实父仇英制"五个字,仇英,字实父,是明代著名画家,与沈周、文徵明、唐寅并称为"明四家",他的代表作《汉宫春晓图》被列为中国十大传世名画之一。

《南都繁会景物图卷》虽然格局宏大,设色华丽典雅,但绘制得不够细致,画面中的一些建筑及人物仅有个大概的轮廓,明显不及仇英的其他存世作品精良。可是,这幅画却为后人研究明代秦淮河风貌提供了一份翔实的图像档案,这才是其历史与艺术价值的重要体现。

画面上,鳌山灯的出现也能与史料对应得上。《明太宗实录》等文献记载,永乐十年(1412年)正月,明成祖朱棣允臣民赴午门外观鳌山三日。

承创织绣复刻的云锦《南都繁绘景物图卷》(承创织绣供图)

画面中,戏台上正上演着戏班年度开箱大戏——《天官赐福》。可见,《南都繁会景物图卷》画的正是元宵节前后的城市风景。

郑和下西洋后,带回了大量的海外货物,所以画面上还出现了戴眼镜的老者,以及"东西两洋货物俱全"的店铺幌子。

"南市街"附近一座牌坊上题"绣衮"二字。"衮"指古代君王的礼服,这里很可能曾制售"绣衮"这种高等级衣饰。该坊内,一处店铺的"鲜明绒线发客"招牌可以说明,南京是明代重要的丝绵纺织业基地,云锦产业相当发达。

南京在明朝前期的 53 年里,一直是都城所在地,直到永乐时迁都北京之后,才始称"南都"。南都社会生活中的场景和人物,浓缩于有限的图画之中,画上的内容在当时的现实中都能找到原型。

《南都繁会景物图卷》生动自然地将当时南京的社会生活反映了出来,为现存明代风俗画卷中最具代表性的作品之一。从某种意义上来说,它的学术价值甚至高于艺术价值,被誉为南京的《清明上河图》。

翰墨三希

位于北京故宫乾清宫西侧的养心殿始建于明代嘉靖年间，根据《明宫史》记载，其当时只是作为御膳房或司礼监秉笔太监的值房，并没有什么实际用途，一直到明末，都没有一位皇帝在此居住过。

根据清代法国传教士张诚在日记中的描述，康熙年间，许多画匠、雕刻匠、油漆匠都在养心殿里制作过纸扎玩器，养心殿的主要功能还只是制造皇家御用品的专门机构——造办处。

1722 年，康熙皇帝驾崩，雍正皇帝即位。为表示孝道，雍正决定不住在康熙的寝宫乾清宫，而是移居到了养心殿，并对养心殿进行了整修和改造。到了乾隆时期，养心殿又进行了增建与改造，成为处理政务、召见群臣、读书学习及居住的多功能建筑，直到溥仪离宫，清朝一共有 8 位皇帝住过养心殿。

1746 年，乾隆皇帝将养心殿西暖阁最西边的一个小屋改造成一间约 8 平方米的书房，取名"三希堂"。

三希即"士希贤，贤希圣，圣希天"，意思是"士人希望成为贤人，贤人希望成为圣人，圣人希望成为知天之人"，他们以此鼓励自己不懈追求，勤奋自勉。

对于乾隆来说，三希还有一个属于他自己的深层含义，酷爱书法的他在这个小书斋里珍藏了东晋时期王羲之《快雪时晴帖》、王献之《中秋帖》和王珣《伯远帖》三幅书法名帖。

名帖希墨，三幅书帖上的字数加起来只有 97 个字，可乾隆皇帝却给了它们最高的礼遇。

1747 年，乾隆皇帝命内务府从收藏的历代名家书法作品中精选名家名帖，模勒上石，镌刻成帖。这些名帖中有"三王"之作，故称《三希堂法帖》，又称《御刻三希堂石渠宝笈法帖》。

南京博物院"走进养心殿"特展复原的"三希堂"（巢臻摄影）

"法帖"就是把名家书法作品汇集成册，以供他人效法之帖。

至乾隆十五年（1750 年），三希堂共收藏了晋以后历代名家 134 人的墨迹 340 件以及各种拓本 495 种，但"三王"书法作品作为三希堂"镇堂之宝"的地位从未被撼动。

1763 年，乾隆皇帝对原来的三希堂进行了重新装修，为了使小巧的空间显得更加开阔，其在西墙上绘制了一幅通景画。画中的地砖与三希堂的地砖相连，一直绵延到画尽头的一座月洞门，并通向室外的花园，让视野能层层延伸出去，类似现代的三维立体画。矮炕旁的西墙上铺设了整面镜子，镜中又折射出另一个空间。

经过一番空间改造，三希堂显得更加精致典雅，体现出了"室雅何须大"的文人精髓，乾隆皇帝对于改造后的三希堂十分满意。

每天在处理完军国政务之后,乾隆皇帝就会盘坐于三希堂明窗前的炕上,或是欣赏书画,或是赏玩古董,但他更爱做的事就是在书画上题字盖章,被后世誉为"盖章狂魔"。

乾隆皇帝在王羲之的《快雪时晴帖》上几乎盖全了他所有的印章,还在帖旁题满了字,他甚至抑制不住内心的喜悦,写了个大大的"神"字在字帖的中间。

王羲之的儿子王献之的《中秋帖》一共 3 行 22 个字,可这块巴掌大的地方竟然密密麻麻地盖上了近 30 个收藏印,还有乾隆御题签"晋王献之中秋帖"!

王羲之侄子王珣的《伯远帖》仅有 0.39 平尺,可纸面上却布满了"石渠宝笈""乾隆鉴赏""乾隆御览之宝""三希堂精鉴玺""宜子孙""养心殿鉴藏宝"大小玺印。

"飘如游云,矫若惊龙"的王羲之

在中国书法爱好者的心中,王羲之是魏晋风度、名士风流的代表人物,给人一种丰神飘逸的印象。在《世说新语》中,与之相关的记载就有 53 条,其中比较著名的是"东床坦腹"的故事。

时光倒回至东晋时的某一天,太尉郗鉴派门生来到秦淮河边乌衣巷的丞相王导的府上,意欲在王家子弟中挑选一位女婿。

王导让来人到东边厢房里去看王家子弟。门生回去后,对郗鉴说:"王家子弟个个不错,可是一听到有信使来,都显得拘谨而不自然,只有一个叫王羲之的坐在东床上,袒腹而食,若无其事。"

郗鉴听后,说道:"这正是我要选的佳婿。"王羲之因为一次潇洒不羁的东床坦腹,成就了一段好姻缘。

《世说新语·雅量》中记载:"王家诸郎亦皆可嘉,闻来觅婿,咸自矜持。唯有一郎在东床上坦腹卧,如不闻。"

晋永和九年(353 年)上巳节,时任会稽内史的王羲之召集友人谢安、孙绰等 41 人,在会稽山阴的兰亭水边举办了雅集活动。众人分坐于溪水之旁,盛满美酒的觞顺流而下,停在谁的面前,谁就必须将酒一饮而尽,然后赋诗一首。

这一天,有 26 人作诗,王羲之将这些诗编成诗集并为其作《兰亭集序》。《兰亭集序》文采灿烂,隽雅妙咏,书法更是苍劲妩媚,气势飘逸,被后世推为"天下第一行书"。"兰亭修禊""曲水流觞"也成为后世文人"雅集"的代称。

王羲之的书法得到了很多帝王的欣赏,除了乾隆皇帝痴迷他的书法,特意修造了三希堂,唐太宗李世民也很欣赏王羲之的书法。

大唐贞观之治,李世民在天下广为搜罗王羲之的作品,每得真迹,便视若珍宝,时时临摹习之,体会其笔法兴意。不仅如此,他还倡导学习王羲之的书法风格,使得王羲之的书法风格在贞观年间大为盛行。李世民甚至亲自为《晋书》撰《王羲之传》,妥妥的王羲之的追随者。

虽然李世民所藏王羲之墨宝真迹甚丰,但他始终没有找到《兰亭集序》真本,每每引为憾事。后来,他辗转打听到《兰亭集序》真迹由王家秘传至王羲之第七代孙智永处。

智永年少出家,一生酷爱书法,临终前把《兰亭集序》传给了弟子辩才和尚,辩才在卧室梁上凿了一个洞,把字帖秘藏于内,从不示人。

李世民先后召见了辩才三次,每当询问《兰亭集序》时,辩才均说不知道。最后,李世民派监察御史萧翼设计将书帖骗走,才最终得偿所愿。

相传,辽宁博物馆馆藏的唐代画家阎立本所绘的《萧翼赚兰亭图》真实地重现了这一事件。

王羲之的《快雪时晴帖》全文共4行28字,原本只是雪霁初晴时,王羲之问候友人山阴张侯的一封信,可其书法却无一笔掉以轻心,无一字不表现出逸致闲情,富有独特的节奏韵律。

王羲之写信时的那种愉快的心情至今都能感染每一个人,正如《世说新语·容止》中评价王羲之:"飘如游云,矫若惊龙。"简单的八个字,勾勒出了人如其字、字如其人的千古书圣形象。

《快雪时晴帖》被认为是王羲之的仅次于《兰亭集序》的一件行书代表作,被古人称为"天下法书第一",位列三希堂首帖。

"临池十八缸"的王献之

"王家书法谢家诗"一直为世人称道,秦淮河水赋予了东晋世家独特的灵气与神韵,家族强大的书法基因使得从乌衣巷走出的王氏子弟大都成为声名显赫的书法大家。

三希堂用实力告诉世人,论书法技巧哪家强,唯有琅琊王家传。王羲之的儿子们大都秉承了父亲的书法特长,都是当世的书法高手,而其中王献之似乎更具有悟性。

王献之,字子敬,王羲之第七子、晋简文帝司马昱女婿。南京乌衣巷王谢古居、绍兴兰亭景区流传着一个妇孺皆知的非遗故事"临池十八缸"。王献之七岁时就开始跟随父亲学习书法了,练习书法之初热情高涨,每天刻苦钻研。可是时间久了,他觉得每天从早到晚同笔墨打交道甚是乏味,还累得腰酸背疼。

王献之向父亲请教有什么可以快速成功的诀窍,而王羲之给出的答案是,要把院子里的十八缸水都写完,才能感悟到书法的精妙。

王献之按照父亲的要求练习,到用完第三缸水时,他感觉自己已经写得很不错了,便拿着一堆练习完的字请父亲指正。

王羲之认真地看完了他的每一个字,只对其中一个"大"字进行了点评。王羲之夸赞这个"大"字结构好,并在下面亲笔加了一个点,形成了"太"字。

王献之拿着父亲批改过的字又去找母亲郗夫人,飘飘然的王献之准备迎接母亲的夸奖。

郗夫人也认真地看完了每一个字,评价这些字里最好的就是这个"太"字,而唯有"太"字下面这一点有羲之的神韵。

王献之听到这里顿感羞愧,决定继续努力练习书法,后成为王氏家族新一代书法之星。

《中秋帖》,又名《十二月帖》,现存 3 行 22 个字:"中秋不复不得相还为即甚省如何然胜人何庆等大军。"面对这个没有标点、一气呵成的信札字帖,后人各种加标点、断句,总是力图想要破解其中的秘密,然而始终是不得其要。

根据史料记载,《中秋帖》原文前还有"十二月割至不"6 个字,后被人装裱的时候裁掉了,这更为这幅书帖增添了神秘的意味。

宋代书法四家之一的米芾对《中秋帖》十分赞赏,他高度评价王献之运笔如神,认为《中秋帖》可以称为"天下第一帖"。

然而有意思的是,经过后世很多书法家的研究,《中秋帖》用一种竹料纸书写而成,而这种纸在北宋时才出现。《中秋帖》又与传世的王献之《廿九日帖》《鸭头丸帖》的风格相差甚远,书法痛快有余而沉着凝重不足,缺乏晋人书法应有的潇洒蕴藉的风骨。

《中秋帖》丰满的笔墨形态更接近宋代书法的风格,被很多专家认为是宋人米芾临摹旧藏王献之《十二月帖》的高仿作品。

无论三希堂的《中秋帖》是否为王献之的原作,都不能抹去它在中国书法史上至关重要的地位。

"大笔如椽"的王珣

王珣,字元琳,东晋丞相王导之孙,"书圣"王羲之的远房侄子,家学渊源,从小耳濡目染练习书法,深受王氏家族书法风格的影响。太和四年(369年),豫州刺史袁真叛乱,王珣参与讨伐,并于太和六年(371年)平定叛乱,王珣因功获封东亭侯。

晋孝武帝期间,谢玄、谢安都是当时的权臣,王谢两家交好,因此联姻。王珣娶了谢安弟弟谢万的女儿,其弟王珉娶了谢安的女儿,他们都成了谢氏家族的女婿,颇受庇佑,仕途一帆风顺。

王谢两族后来因为政见不同而不和,在谢安的干涉下,王珣被迫与妻子离婚,王谢两族从此交恶。后来,谢安又下令把王珣调到江西南昌任豫章太守,实际上是想把他赶出都城建康。王珣坚持不去,为了抒发心中的郁闷,他写信给当时任临海(今浙江台州)太守的堂兄弟王穆(字伯远),向他倾诉自己的愤懑和不满,传世名帖《伯远帖》就此诞生。

385年,谢安在都城建康病逝。王珣抛开两家恩怨,前往吊唁,却被谢安帐下督帅刁约阻止。王珣也不理他,直接进去吊唁,而且哭得悲痛不已,甚至难过到没有与谢安儿子谢琰行执手礼就离开了。

《世说新语·伤逝·十五》中记载:"王东亭与谢公交恶。王在东闻谢丧,便出都,诣子敬道:'欲哭谢公。'子敬始卧,闻其言,便惊起曰:'所望于法护。'王于是往哭。督帅刁约不听前,曰:'官平生在时，不见此客。'王亦不与语，直前哭，甚恸，不执末婢手而退。"

晋太元二十一年（396年），晋孝武帝驾崩。在这之前，王珣做了一个奇怪的梦，梦中有人给了他一支像橡子那样长、那样粗的笔，醒来后，他对家里人说："昨夜我梦见有人送给我一支如同橡子那样大的笔，看来我要有大手笔的事情做了。"

果然，不久就传来了晋孝武帝驾崩的消息，王珣由于文笔出众，皇帝治丧所用的哀册、讣告和谥议等，全交给他一人起草完成，这也成就了王珣人生中的高光时刻。

王珣当初在写《伯远帖》的时候也没想到，它会成为后人争相效仿的范本。

《伯远帖》继承了东晋琅琊王氏书法的用笔法则，多以偏锋书写，字体形态俊俏、变化多姿。王珣用笔精妙，行笔干净利落，于变化中追求节奏的韵律感。

洋洋洒洒的47个字在纸面上优雅灵动、翩翩起舞，东晋士人书法的神韵在王珣的笔下得到了真实的流露。

相较于王羲之、王献之"二王"的书法作品至今都是以后人摹本的形式传世，《伯远帖》被学者公认为是现今传世的唯一东晋名家的书法真迹，王珣因此成为"东晋风流"的代表人物。

明代书法家董其昌评价《伯远帖》"技近乎道"，王珣书法不仅是圆熟，更是达到了如臻化境的境界，它成为中国书法史上一个划时代的里程碑，也奠定了王珣在书法史上崇高的地位。

《伯远帖》北宋时存于宣和内府，后流落民间，明代时为书画大家董其昌收藏，清乾隆十一年（1746年）进入清宫内府，乾隆品题"江左风华"，列为三希堂奇珍之一。

秣陵兰韵

灵动不息、静水流深的秦淮河就像是金陵大地上一根永恒奏响的琴弦，寒来暑往，弦歌不绝。河流与音乐和谐共鸣，滋养着一方水土，浸润出万户风情。

广陵绝响——嵇康的声无哀乐

如果从地缘角度来谈论嵇康，他 40 年的人生中从未涉足过南京。然而，秦淮河边却一直流传着他的人生传奇和音乐美谈，南京人每当提起六朝风雅时，总会亲切地把他归划为这一阵营

西善桥白家山市民广场"竹林七贤"群雕（陈建华雕塑）

的代表人物。

南京以及周边地区迄今出土的 5 个六朝时期的贵族大墓，无一例外地都发现了《竹林七贤与荣启期砖画》。嵇康作为竹林七贤之首，手抚七弦古琴，额首微扬就是他的定格造型，他仿佛在叹息："《广陵散》于今绝矣。"

可见，当时竹林七贤对于六朝文化的影响之巨大以及世人对他们的无比推崇和热爱。

嵇康，字叔夜，魏晋时期名士，容止出众，是著名的美男子。《世说新语·容止》记载："嵇康身长七尺八寸，风姿特秀。见者叹曰：'萧萧肃肃，爽朗清举。'或云：'肃肃如松下风，高而徐引。'山公曰：'嵇叔夜之为人也，岩岩若孤松之独立；其醉也，傀俄若玉山之将崩。'"

嵇康生性淡泊名利，对于腐败昏聩的司马氏统治采取不合作态度，因而招致司马昭的忌恨。

263 年，嵇康因陷入好友吕安的家庭纷争，被吕安的哥哥吕巽构陷。与嵇康素有恩怨的钟会，也趁机向司马昭进言，以陷害嵇康。司马昭一怒之下，下令处死嵇康。

嵇康行刑当日，3000 名太学生集体请愿，请求朝廷赦免他，并要求让嵇康来太学任教，他们的这些要求并没有被同意。

临刑前，嵇康神色自若，如平常一般。他向兄长嵇喜要来平时爱用的琴，在刑场上抚了一曲《广陵散》。

曲毕，嵇康把琴放下，从容就戮。在场的人们无不痛惜，广陵绝响也成了中国音乐史上的一段凄美佳话。

嵇康是当时著名的音乐家，精通音律，尤擅长鼓琴。

他主张声音的本质是"和"，合于天地才是音乐的最高境界，

文人抚琴（夏晶摄影）

他认为喜怒哀乐从本质上讲并不是音乐的感情，而是人的情感。他著有音乐理论著作《声无哀乐论》《琴赋》。

嵇康创作的《长清》《短清》《长侧》《短侧》四首古琴曲被称作"嵇氏四弄"，对后世影响颇大，与蔡邕的"蔡氏五弄"合称"九弄"。隋炀帝还曾将能否弹奏"九弄"作为科举取士的条件。

如今，嵇康当年叹息的《广陵散》成为古琴曲中难度最大的曲子之一，是考量古琴演奏家技艺优良与否的一个硬性指标。

"嵇氏四弄"至今仍被古琴演奏家们时时弹奏，秦淮河边的古琴艺术至今弦歌不辍。2008年6月，古琴艺术（金陵琴派）被列入第二批国家级非物质文化遗产代表性项目名录。

晋代古丘——阮籍青眼聊因美酒横

唐代大诗人李白的《登金陵凤凰台》云："吴宫花草埋幽径，晋代衣冠成古丘。"很多文学爱好者一直在为诗句中的古丘争论不已。

有人认为这是李白对于晋代风流如云烟消散的泛指，而秦淮河边门西地区的南京人一定会告诉你：南京文枢初级中学凤凰台校区里的阮籍衣冠冢就是那个"晋代古丘"。

也有学者质疑:阮籍一生未到过南京,如何有墓在此?

明代万历时期的诗人姚旅在《露书》中记载:"秣陵凤凰台傍有阮籍墓。壬辰,李公昭掘地得石碑半段,曰'籍之墓',旋又得半段,曰'晋贤阮',始知此地为籍墓。后有人穷之,多得殉物。"

这是关于南京阮籍墓最早的记载,这一说法后来被收录到清代《康熙江宁府志》中,一直为后人引用至今。

阮籍墓所在的老门西地区还有一个小巷叫"七贤坊",不论历史如何变化,都不会冲淡南京人对于竹林七贤的喜爱,阮籍衣冠冢在南京更是印证了存在即合理这个道理。

阮籍,字嗣宗,魏晋时期诗人,竹林七贤之一。阮籍在政治观点上倾向于曹魏皇室,他目睹了司马氏独专朝政,杀戮异己,对司马氏心怀不满,于是采取不涉是非、明哲保身的态度。

阮籍常与竹林七贤聚在一起,或者一起闭门读书,或者一起登山临水……甘露元年(256年),为不引起司马氏的猜忌,阮籍请求做步兵校尉。

步兵校尉虽然是政府官职,但又不像散骑常侍那样常与皇帝亲近;虽然是武职,但又不执掌兵权,不会给司马氏造成威胁。阮籍担任此官职的时间最长,所以后世通常称之为"阮步兵"。用今天的话说,阮籍就是个清醒的"伪装者"。

那个陷害过嵇康的钟会,是司马氏的心腹,曾多次探问阮籍对政事的看法,阮籍都用喝醉的办法回避。司马昭也曾数次同他谈话,试探他的政见,他也总是不发表实质性的言论。

司马昭为了拉拢阮籍,就想和阮籍结亲,阮籍为了躲避这门亲事,开始每天喝酒,一连60天,他每天都醉得不省人事,奉命前

阮籍衣冠冢（黄欣摄影）

来提亲的使官根本就没法向他开口,最后只能无功而返,司马昭也只能由他去了。

眼睛是心灵的窗口,阮籍不太爱说话,却常常用眼睛来表达自己的喜恶,他是一个爱翻白眼怼人的人。

阮籍的母亲去世之后,嵇康的哥哥嵇喜来致哀,但因为嵇喜是阮籍眼中最不喜欢的礼法之士,所以他不顾礼仪,当即就给了嵇喜一个大白眼。后来,嵇康携琴带酒而来,他便大喜,马上由白眼转为青眼相待。

阮籍"离经叛道"的性格典型成为一种特定的文化形态出现在文学作品中。阮籍还是全力推进五言诗创作的第一人,他把八十二首五言诗连在一起,编成一部庞大的诗集——《咏怀诗》。这些诗或隐晦寓意,或直抒心迹,充满着浓郁的哀伤情调和生命意识。《咏怀八十二首·其一》:"夜中不能寐,起坐弹鸣琴。薄帷鉴明月,清风吹我襟。孤鸿号外野,翔鸟鸣北林。徘徊将何见? 忧思独伤心。"

古琴曲《酒狂》最早出自明代的《神奇秘谱》,相传为阮籍所作。《神奇秘谱》中有云:"籍叹道之不行,与时不合,故忘世虑于形骸之外。托兴于酗酒,以乐终身之志。其趣也若是。岂真嗜于酒耶。有道存焉。妙妙于其中。故不为俗子道。达者得之。"这道出了阮籍为免遭迫害,以酒醉佯狂表示对统治者的批判和不合作,是反黑暗统治的著名人士。

近代古琴演奏家姚丙炎以《神奇秘谱》为蓝本，又参照《西麓堂琴统》整理，把节奏处理成古琴音乐中罕见的 6/8 拍子，于弱拍处出现沉重的低音或长音，造成音乐的不稳定感，表现了阮籍酒醉后步伐踉跄的状态。

乐曲采用基本曲调的变化重复，曲首两小节的节奏型通贯全曲。音乐不以表面的狂态为重，而是以内在含蓄刻画一种混沌而又理性的情态。

《酒狂》于乐曲结尾段有"仙人吐酒声"的文字提示。演奏时，可以用古琴演奏特有的"长锁"指法，以食指和中指连续快速触拨琴弦，演奏一连串同音反复，如银瓶乍裂，使音乐充满了灵动如水、清新脱俗的美感，是一首曲虽短小却意境深远的古琴名曲。

停艇听笛——听筝堂前《梅花三弄》

十里秦淮流经桃叶古渡时，分支一脉青溪向北旖旎而去。暮色降临，华灯初上，秦淮河上往来舟艇穿梭不息。

岸上传来悠扬的笛声，原来是不远处亲水休闲平台上有市民在擫笛练曲。此情此景颇有一种穿越时空的意境，这里也曾经叫作"邀笛步"，东晋笛王桓伊曾经居住于此。

桓伊，字叔夏，小字子野，又称野王，东晋时期著名的军事家、政治家、音乐家。

桓伊在军事上有过人的才能，他人生最高光的时刻就是参加淝水之战，大败前秦天王符坚。

这是一场影响东晋命运的重要战争，也是历史上著名的以少胜多的战役。桓伊一战封神，被封为永修县侯。

除了出色的军事才能,桓伊还是一位出色的音乐大家。桓伊擅长演奏多种乐器,于演奏中尽显音乐之妙,被人誉为"江左第一"。

《世说新语·任诞》记载:"桓子野每闻清歌,辄唤'奈何'!谢公闻之曰:'子野可谓一往有深情。'"可见桓伊对音乐艺术的痴迷,成语"一往情深"也由此而来。

在所有的乐器中,桓伊最擅长吹笛,一支柯亭笛在桓伊的演奏下出神入化、气韵万千,常令听者舒心悦耳。中国十大名曲之一《梅花三弄》正是桓伊所创,它成为流传千年的音乐经典。

《晋书·桓伊传》《世说新语》都记载了关于"邀笛步"的佳话,王羲之的儿子王徽之赴都城建康,泊船于青溪,恰逢桓伊乘车从岸上经过。王徽之早闻桓伊大名,在好奇心的驱使下,他派人过去拦住桓伊的车,请其为他吹奏一曲。

桓伊此时正处于淝水之战大捷的盛名之下,地位显贵,且与王徽之并不相识,但他还是下了车,坐在一张胡床上,为王徽之吹奏了《梅花三弄》,一曲悠扬,意味深长,三弄三叠,落梅缤纷。

船上的王徽之听得如痴如醉,意犹未尽。岸上的桓伊吹奏完曲子后,直接上车离开,两人甚至连个面都没有碰

乌衣巷听筝堂
(黄欣摄影)

到,这就是名士风度的真实体现吧!

乌衣巷王导谢安纪念馆里有一个建筑叫"听筝堂",这里流传着一个桓伊的故事。383 年,东晋在淝水之战中取得大胜,幕后的总指挥丞相谢安因立下大功而进官至太保。

后来,晋孝武帝之弟司马道子与谢安发生权争,对谢安极尽诽谤。晋孝武帝对谢安有了猜疑之心,开始渐渐冷落谢安,桓伊为此很是不平。

晋孝武帝司马曜有一次召桓伊宴饮,谢安也在场。司马曜命桓伊吹笛,可桓伊只吹到一弄时,便放下了笛子,请求让自己的家奴来吹笛伴奏,而自己则抚筝和歌一曲。

这个大胆而新鲜的提议,让司马曜觉得桓伊特别率直,便欣然应允。桓伊边抚筝边唱起了曹植的《怨诗》:"为君既不易,为臣良独难。忠信事不显,乃有见疑患。周旦佐文武,《金滕》功不刊。推心辅王政,二叔反流言。"声声慷慨,感人动容。

桓伊借筝曲来提醒皇帝不要轻信流言,切勿因此而伤了一心辅佐君王的贤臣。谢安听到如此仗义执言的弦外之音,一时感动得泪流满面。这也使晋孝武帝面有愧色,收起对谢安的不满。

筝歌唱出了诤言,也唱出了桓伊的铮铮风骨。

笛曲《梅花三弄》后来被改编为古琴曲而广为流传,琴曲的乐谱最早见于 1425 年的《神奇秘谱》。

乐曲通过前六段反复吟咏、循环再现的手法,以及后四段动静相宜的抒情技法,借物抒怀,通过表现梅花不惧严寒、高洁清雅的风姿,以此歌颂品格高尚的人。

古琴界甚至还出现了两个演奏版本的《梅花三弄》,一个是吴景略版,被称为"新梅花",此版的节奏平稳、节拍规整,展现了梅花宁静高洁、端庄典雅的一面;另一个张子谦版的"老梅花"则节奏跌宕,节拍富于变化,赋予了梅花傲雪凌霜、坚贞不屈的刚毅品格。

《晋书·恒伊传》记载:"帝召伊饮宴,安侍坐。帝命伊吹笛。伊神色无迕,即吹为一弄,乃放笛云:'臣于筝分乃不及笛,然自足以韵合歌管,请以筝歌,并请一吹笛人。'帝善其调达,乃敕御妓奏笛。伊又云:'御府人于臣必自不合,臣有一奴,善相便串。'帝弥赏其放率,乃许召之。奴既吹笛,伊便抚筝而歌《怨诗》曰:'为君既不易,为臣良独难。忠信事不显,乃有见疑患。周旦佐文武,《金縢》功不刊。推心辅王政,二叔反流言。'声节慷慨,俯仰可观。安泣下沾衿,乃越席而就之,捋其须曰:'使君于此不凡!'帝甚有愧色。"

昆剧《世说新语·调筝》(施夏明饰桓伊,李婧摄影)

百戏元音——大雅昆腔　秦淮流韵

洪武六年(1373年),时年107岁的昆山老人周寿谊被接到南京的紫禁城,大明开国皇帝朱元璋要亲自接见他。

周寿谊出生于南宋理宗景定五年(1264年),15岁那年经历了南宋灭亡,平安度过了整个元朝92年的岁月,直到大明初立,这位历经三个朝代的老人成了远近闻名的传奇人物。

明代周元纬在《泾林续记》中记载,朱元璋见到昆山老人周寿谊时非常高兴,特意问候他:"闻昆山腔甚嘉,尔亦能讴否?"这也是南京历史上有关昆山腔的最早记载。

元末,南曲盛行,昆山腔、海盐腔、余姚腔、弋阳腔并称为"南戏四大声腔"。元末戏剧家高明的剧本《琵琶记》被称为"南戏之祖",特别受朱元璋的青睐,朱元璋"日令伶人进演"。

朱元璋还在秦淮河南岸建造了富乐院,作为倡优聚居之处。洪武十七年(1384年),朱元璋下令沿秦淮河建造金陵十六楼,打造了集歌舞、戏曲表演于一体的专属剧场。

明代嘉靖时期的进士魏良辅在过云适、张野塘等人的协助下,吸收了当时流行的海盐腔、余姚腔以及江南民歌小调的优点,对昆山腔进行了加工,将南北曲融合为一体,形成了一种格调新颖、唱法细腻、舒徐委婉的"水磨腔"——昆曲。

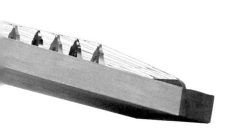

明神宗万历年间,昆曲在南京得到了大力的发展,昆曲的演出已经不限于秦淮教坊和歌场,南都的士大夫阶层也竞相传唱,南京成了昆曲的传播中心。

昆曲使用的是曲牌体的演唱方式，曲词典雅、行腔婉转，以鼓、板控制演唱节奏，以曲笛、三弦等为主要伴奏乐器，其唱念语音为"中州韵"，经过打磨成熟后的昆山腔迅速风靡全国。

昆曲在发展的过程中，由于文人不断参与其中，出现了大量的昆曲家班和民间昆曲社团，形成了以文人曲唱为主的风格，被业内称为"清工"，以及专业戏班剧团注重舞台表演的"戏工"，这两者相辅相成，互相滋养。

从明代到清代乾隆时期，昆曲绝对是中国戏曲中独领风骚的存在，也影响了很多地方剧种，被后世誉为"百戏之祖"。

《儒林外史》第三十回写天长才子杜慎卿在南京莫愁湖举办昆曲大会，竟有130多个职业戏班来参加，演出的旦角人数有六七十人，而且都是上妆彩唱表演。文中记载："点起几百盏明角灯来，高高下下，照耀如同白日，歌声缥缈，直入云霄。"

传奇剧本《桃花扇》中的秦淮八艳，个个都是昆曲高手。张岱在《陶庵梦忆》中记载："南曲中，妓以串戏为韵事，性命以之。"

顾横波善于反串小生角色，曾与旦角陈圆圆联袂演出《西楼记》。李香君从13岁起就随昆曲教习苏昆生学唱昆曲，对于汤显祖的《牡丹亭》等临川四梦皆能尽其音节，尤其善于唱《琵琶记》。

被称为"水磨腔"的昆曲，表现了中国文化的细腻与极致，很多优秀的文人都参与到昆曲的创作中，他们就如秦淮河水一般，浸润打磨着这个优雅的剧种，不遗余力地推动着它的发展。

著名剧作家汤显祖曾任南京国子监太常寺博士，南京为他提供了丰富的创作灵感，他在这里完成了临川四梦之一的《紫钗记》，又酝酿了不朽传奇《牡丹亭》。

康熙元年（1662 年），李渔自杭州迁居南京，他于秦淮河边筑造芥子园，并组建了昆曲家班，李渔《笠翁十种曲》中的《凰求凤》《巧团圆》以及著名的文艺著作《闲情偶寄》都是他在南京生活期间创作的。

李渔的昆曲家班从南京出发，走遍了大半个中国，往北到过北京、山西、甘肃；往南到过江西、福建、广东、广西；往西到过湖北等。李渔昆曲家班大规模且专业化的戏曲运作，究其主要原因，还是由南京的文化环境孕育出来的。

《红楼梦》全书有大量的昆曲演出描写，这与作者曹雪芹的家庭成长经历有着很大关系。《红楼梦》第五十四回里，曹雪芹借书中贾母之口，回忆史湘云爷爷家里曾经演过一班小戏——《续琵琶记》的《胡笳十八拍》，以此纪念自己的祖父。江宁织造曹寅创作的传奇剧本《后琵琶》的钞本收藏于北京图书馆。

《红楼梦》第十七回中，元妃省亲点了四折戏，其中就有《长生殿》。康熙四十三年（1704 年），《长生殿》作者洪昇来到南京，被曹寅奉为座上宾，曹府家班连续三天演出《长生殿》，轰动一时。

1. 昆曲《牡丹亭》（张继青饰杜丽娘，徐华饰春香，陈新生供图）

2. 南京芥子园古戏台（田晓晖供图）

1912年,昆曲大师吴梅应邀来到南京第四师范学校任教,吴梅不仅向学生传授昆曲知识,还常与学生在课余之时唱曲。1917年,吴梅受蔡元培之聘,到北京大学教授昆曲。1922年,应东南大学国文系主任陈中凡之聘,吴梅重返南京。直至1937年,他又在东南大学、国立中央大学、金陵大学主讲词曲,成为把昆曲引进大学殿堂的第一人。在吴梅的影响下,昆曲不仅在高等学府开展活动,一大批民间的昆曲社团也纷纷加入传承和保护昆曲的行列。

2001年,中国昆曲被联合国教科文组织列为人类口头和非物质遗产代表作,2006年被列入第一批国家级非物质文化遗产名录,2008年被纳入人类非物质文化遗产代表作名录。

2021年12月,昆曲清曲被南京市秦淮区人民政府列为第六批非物质文化遗产名录,昆曲这一非遗瑰宝成为秦淮大地长演不衰、弦歌不绝的不朽文脉。

昆曲《长生殿》(黄欣饰唐明皇,单雯饰杨贵妃,宋晓玲摄影)

东方诗河

2023 年 2 月 19 日,南京市全民阅读办组织文学爱好者进行了一次特别的寻访活动,活动当天还来了一群小学生,显然他们是有备而来的。

"书香南京"50 名会员从水木秦淮码头登上观光游船,逆流而上,沿着外秦淮河,也就是五代时期杨吴城濠的水程,体验了一次秦淮河诗词之旅。

游船行进中路过的第一个景点是石头城。石头城是东吴大帝孙权在此筑建的,其由于常年被风雨侵蚀,故城墙上被大自然雕刻出一块凸起的"鬼脸",所以石头城又称"鬼脸城"。

南京市光华东街小学的张译之同学朗诵了刘禹锡的《金陵五题·石头城》:"山围故国周遭在,潮打空城寂寞回。淮水东边旧时月,夜深还过女墙来。"

船继续航行,很快就来到了清凉门下。三国时期,诸葛亮曾在清凉山驻马停留,以"钟山龙蟠,石城虎踞"来评价南京。这里也曾是南唐时避暑的行宫,李煜在此建造了石头清凉大道场,更在此创作了很多脍炙人口的词。

南京市芳草园小学的傅如一同学朗诵了李煜的《虞美人·春

花秋月何时了》："春花秋月何时了,往事知多少? 小楼昨夜又东风,故国不堪回首月明中! 雕栏玉砌应犹在,只是朱颜改。问君能有几多愁? 恰似一江春水向东流。"

一江春水向东流
（陈大卫摄影）

船行到水西门时,一座宋代官式风格、八角歇山顶的五层楼台映入眼帘,这就是宋代的"金陵第一胜概"——赏心亭,先后有苏轼、范成大、陆游、张孝祥等著名宋代文豪在此登临并留下诗词。辛弃疾更是对赏心亭情有独钟,留下了三篇词作,其中《水龙吟·登建康赏心亭》被千古传诵。

水随船行,处处泛起诗词的浪花,船行至古杏花村时,南京郑和外国语小学的吴柏翰同学朗诵了杜牧的《泊秦淮》《清明》。还在上幼儿园的付崇一小朋友用稚嫩的童声吟出了"三山半落青天外,二水中分白鹭洲"。

过了长干桥,南京夫子庙小学的赵夏可同学吟出了:"郎骑竹马来,绕床弄青梅。同居长干里,两小无嫌猜。"吟诵声中,岸

上两个青梅竹马的铜像前有一些正在踏春的市民,他们和船上的游客相互友好地挥手致意。

落日楼头,断鸿声里(陈大卫摄影)

活动接近尾声,参加活动的孩子和家长都被秦淮河独具魅力的文艺气质所打动,很多人表示是第一次体验船游秦淮,而仅仅只是秦淮河其中一段的水程,就富含着如此深厚的文化底蕴。

小学生们也表达了自己对秦淮河的热爱之情,为秦淮河居然有如此多的文化宝藏而感到骄傲。一次看似平常的活动,从此在孩子们幼小的心灵中播种下了求知的种子。

南京市光华东街小学有一个非常厉害的定格动画制作团队"梦想定格社",他们根据这次活动中途径的诗词景点,制成了定格动

南京市光华东街小学"梦想定格社"的同学们制作了石头城(南京市光华东街小学供图)

215

画片。

每一个镜头画面都由学生自己手绘,场景道具也都由学生用环保材料制成。唐风宋韵的秦淮诗词用现代的方式完美呈现,这也是秦淮诗词文化的一种新的传承方式。

据不完全统计,有资料可查的中国文学史上历朝历代关于秦淮河的诗词就达到了2000首,其中名人佳作有355首。

用"诗作如林""词如烟海"来形容秦淮河诗词的数量之多,丝毫不显夸张,帝王将相、才子佳人、名士墨客在秦淮河边留下了大量的名篇佳作。

秦淮河宛如一条诗词的长河,诗帆点点,词舸争流,唐诗宋词串起了秦淮河的韶华和精彩,"中国第一历史文化名河"果然是实至名归。

秦淮诗韵——东方诗河的缪斯女神

希腊神话中的缪斯女神是艺术与青春之神,欧洲诗人常将她当作艺术的象征。

人们习惯用缪斯女神象征诗人、诗歌、文学、爱情和艺术的灵感等,从而使创作出来的作品充满神秘、古典、高贵、自然、浪漫的气息。

在一代代中国文人的心中,秦淮河就是东方诗河的缪斯女神,为他们提供了永不枯竭的创作灵感。

隋唐时期的南京,一直被统治者采取抑制发展的政策,可是前代的六朝风华、文韵流芳,对文人来说是有着致命吸引力的。

以李白和杜甫为代表的唐代诗人群体大都来过南京,且留下了许多脍炙人口的诗篇。经考证,诗仙李白一生曾四次造访金陵

(今南京),他的足迹遍布秦淮河边的山山水水。

唐开元十四年(726年)至天宝十三年(754年),李白创作了大量的金陵诗作。《唐诗三百首》中收录了秦淮河的诗共计8首,其中李白一人占了《长干行二首》《登金陵凤凰台》《金陵酒肆留别》3首。

上元二年(761年),李白最后一次来到金陵。此前,他曾上书《为宋中丞请都金陵表》给朝廷。他以古证今,列举了金陵地势险要、物产丰饶、交通便利等适宜于建都的各种理由,建议朝廷迁都金陵,中兴李唐。

只可惜,他的这个建议未被采纳。李白这样夸赞金陵,只能用"真爱"两个字来形容。

李白在金陵一共留下了70多首诗,而这些诗都有着共同的特点,那就是与美酒有关。

李白不仅是诗仙,还是酒仙,他对金陵出产的"金陵春"酒念念不忘,为了喝到金陵春,他"解我紫绮裘,且换金陵酒"。

在李白心中,只有金陵美酒才是他的最爱,才是他诗歌创作的原动力。

唐宝历二年(826年),刘禹锡在和州(今安徽和县)任上写下了传世名篇《陋室铭》:"山不在高,有仙则名。水不在深,有龙则灵。斯是陋室,惟吾德馨。"

也就是在这年,刘禹锡在他的陋室接待了来自金陵的客人,客人向他展示了自己创作的《金陵五题》,这一下子勾起了刘禹锡对金陵的无限向往。

祖籍洛阳的刘禹锡从小在江南长大,由于种种原因,他从来没有去过金陵,而他的仕途生涯也是一波三折的。

他22岁就中了进士,在长安,他很快就与韩愈、柳宗元、元稹、白居易等人成了好友,他还参与了朝廷的一系列政治革新,开始时形势大好,但仅过了两年,改革就宣告失败了。

刘禹锡因为牵涉在内,又不愿阿谀奉承朝廷权贵,所以20年间多次遭到贬谪,先后在朗州(今湖南常德)、连州(今广东连州)、夔州(今重庆奉节)、和州等地做官,形象地诠释了什么叫"颠沛流离"。

和州与金陵近在咫尺,在和州任职期间,刘禹锡曾无数次登高远眺金陵城,而这一次在陋室谈论的与金陵有关的话题,也让

他有了创作的冲动。

诗人展开了无限的想象空间，打开自己的回忆，从平生所学中搜寻六朝如梦的记忆碎片，才华情思一齐涌上心头，属于刘禹锡的《金陵五题》横空出世。

王谢堂前燕，飞过淮水旧时月。生公堂内一曲后庭花，归来唯见秦淮一片碧。刘禹锡把五处六朝旧迹，凝练成出神入化的诗句。

凭谁会相信，这竟然出自一位从未涉足过金陵之人之手。《金陵五题》从此跻身于七言绝句经典榜单，也使刘禹锡怀古诗

秦淮河边乌衣巷
（缪宜江摄影）

的创作达到了一个新的高度。

宝历二年（826年）冬，刘禹锡从和州调至洛阳任职，他选择从水路出行，先沿着长江从和州向东到达扬州，然后沿着运河向北直抵洛阳。

刘禹锡出行的第一程就来到了金陵城外，这也是他平生第一次也是唯一一次金陵之旅，刘禹锡在金陵只停留了很短的时间。

在游历了南朝寺庙、东山檀城之后，刘禹锡又作了《罢和州游建康》《经檀道济故垒》《台城怀古》《金陵怀古》新诗四首。

这四首诗虽然也不失为金陵怀古诗的佳作，却完全没有《金陵五题》的豪迈气，而是充满了幽怨的愁思。

刘禹锡结束金陵之行，船行至扬州时，巧遇卸任苏州知府、回京待任的白居易。好友相逢，分外欣喜。

刘禹锡拿出了在和州所作的《金题五题》和这次游历金陵所作的四首新诗，一并请白居易指正。白居易读罢大加称赞，认为《石头城》中的诗句"潮打空城寂寞回"无有能超越者。

刘禹锡把斜斜的夕阳挂在了乌衣巷口，朱雀桥边的野花绽放了千年，如今这些地方都已成为享誉海内外的旅游打卡地。

如果要在这么多诗人中选择一位秦淮河形象宣传大使，刘禹锡一定位列榜首。

杏花村——原来你也在这里

"清明时节雨纷纷，路上行人欲断魂。借问酒家何处有？牧童遥指杏花村。"如果在全球华人范围内做一次统计，不会背这首唐诗的人应该屈指可数。如果要评选中国国民热度最高的诗词,它跻身三甲也实至名归。杜牧凭借这首《清明》,成功做到了家喻户晓、妇孺皆知,成为一代著名诗人。

《清明》这首诗,全篇没有使用一个典故,也没有设置一种写作技巧,用几乎大白话的语境营造了一个极具色彩感的、生趣盎然的清明氛围。清明节本是踏青赏春的好时节,突如其来的雨打搅了游人的兴致,人们方寸大乱,四下找寻避雨的地方。不如干脆找个既能避雨又能喝上几杯的酒家,牧童告诉我前面杏花村就有酒家。所有现代人的解读在这28个字面前都显得苍白无力,画蛇添足。

一些研究者对《清明》这首诗提出不同的见解,总觉得这样浅白的文字不像是杜牧的作品,拿《清明》和杜牧创作的其他诗来进行对比,《清明》显得既没深刻的内涵,又没有深奥的意境。

现代人常用"高级感"来形容好的人和事,《清明》这首诗去繁从简,用大俗之笔写出了大雅之境,意态精妙,朗朗上口,这大约就是杜牧的高级感所在。

更有一些研究者就杏花村究竟在哪儿这个话题争论了一代又一代。山西汾阳是中国十大名酒之一汾酒的原产地,汾酒有个知名品牌叫"杏花村",至此支持"杏花村"在山西的广大酒友形成了一个派系。

还有一种说法是杜牧曾在安徽池州任刺史,当地从清代开始就有了贵池杏花村的说法。这种说法最早见于清代池州贵池县人郎遂写的《贵池县杏花村志》,后《广舆记》《江南通志》等书中均有收录,并且贵池杏花村在明代时就由曾出任池州的顾元镜所建,于是,支持杏花村在安徽的又形成了一个派系。

有研究者从对晚唐时期诗词的研究中发现,杏花村在南京这一说法在晚唐以及五代时的金陵城就流传开了。

南京酿制曲酒的历史悠久,唐代时就出产了名酒"金陵春",李白有诗"堂上三千珠履客,瓮中百斛金陵春",且当时秦淮河边有许多酒家,孙楚酒楼就是其中之一。李白在金陵留下了许多与金陵美酒有关的诗作,"朝沽金陵酒,歌吹孙楚楼""风吹柳花满店香,吴姬压酒劝客尝"描写的都是金陵酒家。杏花村从地缘位置上也与金陵酒吧一条街离得较近,这一地区还有不少小的酒垆、酒亭。

杜牧的《泊秦淮》写出了"烟笼寒水月笼沙,夜泊秦淮近酒家"秦淮问酒的经历,《江南春》里有"千里莺啼绿映红,水村山郭酒旗风。南朝四百八十寺,多少楼台烟雨中"对于金陵风貌的描绘,这些实证在时空上都与杏花村在南京高度呼应。

秦淮河畔杏花亭
（黄欣摄影）

到了明清时期,南京大量的地方志文献中都有杏花村在南京古凤凰台附近的记述。明代万历十七年(1589年),南京人焦竑在北京的会试上得中一甲第一名进士(状元),他在《重建凤游寺碑记》中记述:"都城西南隔别开一境,崇冈曲折,林麓翳然,为杏花村。"

明代万历时期,"杏村沽酒"位列金陵四十八景之一,其早已成为南京人广泛认可的名胜古迹,古杏花村现在也已纳入国家级水利风景区之内。

外秦淮河饮马桥到赛虹桥这段水程的北岸建有"杏花亭",这就是古杏花村的确切位置,现在已经成为南京市民休闲放松的好地方。杏花亭的对岸就是"长干古城",站在这里,你也许就能理解南京人对于杏花村的态度了:争与不争,她就在这里。

赏心亭畔——拍遍栏杆　阅尽沧桑

水西门现在是南京老城与河西新城的交通枢纽,其自古就是水陆要津。南宋《景定建康志》记载:"赏心亭,在下水门之城上,下临秦淮,尽观览之胜。"

北宋初年,宰相丁谓在任职升州府知州期间建造了"赏心亭",建于水西门城楼上的赏心亭成了当时金陵的第一地标。

赏心亭地理位置优越,周边地区一直是南京城的商业交通中心,唐朝时期,被李白、杜牧等大诗人着墨甚多的孙楚酒楼等颇具影响的酒肆就集中在这里。

赏心亭在元末明初时已经残破不堪,后历经多次毁坏与重建,至民国时已损毁殆尽。

我们今天看到的水西门大桥东南岸的一座气势恢宏的新

"赏心亭",是2006年南京市人民政府重新修建的。与赏心亭一街之隔的水西门市民广场边,新"孙楚酒楼"也同时复原。

赏心亭的复原,主要依据《景定建康志》《至正金陵新志》等古籍对赏心亭的描述,并参照《营造法式》等宋代建筑书籍和现存宋代建筑的建造手法,其是中国建筑技法古今辉映、相互融合的杰作。重建的赏心亭引发了文学爱好者们的思古之幽情,其也成为秦淮河文化游的一个新的打卡点。

赏心亭在建成之初,丁谓将宋真宗御赐的唐代周昉画的《袁安卧雪图》张悬于楼内,从而使赏心亭声名大噪,一时引得无数文人墨客来此登临游赏。

也许是因为此图是皇帝亲赐的,所以此后驻镇金陵的十四任太守竟无一人敢觊觎,它始终是镇亭之宝。

宋元丰七年(1084年),因乌台诗案被贬黄州(今湖北黄冈)五年的苏轼收到了朝廷的召令,皇帝决定重新起用他。苏轼奉诏前往汝州就任,在途中,他写下了《石钟山记》《题西林壁》等名篇。

苏轼顺长江而下,于当年6月到达金陵城,罢相后隐居于金陵城的王安石亲到江边迎接苏轼。这对昔日因政见不同而私下又惺惺相惜的老友开怀畅聊。

苏轼在金陵期间,恰逢好友王胜之从江宁知府调任南郡(今河南商丘),苏轼在赏心亭以诗赠别,写下了《渔家傲·千古龙蟠并虎踞》,这首诗也成为苏轼为数不多的金陵原创。

由此可见,赏心亭在当时不仅是著名的宴客之所,还是文人送别的绝佳之地。

1127年,靖康之变,金军举兵南下,攻破北宋都城汴京(今河

南开封），宋徽宗与宋钦宗父子俩相继被掳，北宋王室与朝廷大臣尽被金军押送至北方，宋徽宗第九子康王赵构幸免于难，于仓促中继位，建立南宋王朝，改元建炎。

南宋建炎三年（1129 年），金陵改称"建康府"（今南京），作为行都，为江南东路首府。南宋绍兴八年（1138 年），南宋迁都临安府（今杭州），定建康府为留都。

淳熙五年（1178 年），南宋爱国诗人陆游结束了八年在蜀地的任职生涯，应诏东还，路过建康，再次登临赏心亭，想起当年请求朝廷经营建康为国都的主张未能实现，痛心不已，情不自禁地写下了《登赏心亭》。

与杨万里、陆游、尤袤并称"南宋中兴四大诗人"的南宋名臣范成大，与赏心亭也颇有渊源，他第一次来建康是为了参加漕试(科举考试),曾作《重九独登赏心亭》;第二次重游建康,他写下了《赏心亭再题》。

南宋淳熙八年(1181年),范成大任建康府知府,这一年建康遭遇大旱。范成大一面招揽商人贩运粮食,一面向朝廷请命,得到军储粮二十万石以救济灾民,同时免除这一年三分之二的税收,由于赈济有方,竟无人因旱灾而流徙他乡。

淳熙九年(1182年)秋,又逢重阳,面对丰收之年的喜悦,范成大心情大好,独自一人登上赏心亭凭栏远眺,写下第三首诗《重九赏心亭登高》。

纵观如此多的以赏心亭为题材的文人佳作,最具情怀的当属南宋著名词人辛弃疾的佳作。

南宋乾道四年(1168年),辛弃疾被派往建康府任通判,通判是一个人微言轻、微不足道的闲散官职,辛弃疾空有报效国家的志愿,个人才能却不能得到施展。

然而,这也给了辛弃疾一个很好的创作诗词的机会,他第一次登临赏心亭时,写下了《念奴娇·登建康赏心亭呈史留守致道》。

淳熙元年(1174年),辛弃疾调任江东安抚司参议官,再度来到建康,第二次登赏心亭,并作有《菩萨蛮·金陵赏心亭为叶丞相赋》。随后不久,他第三次登上赏心亭,并留下了最为著名的《水龙吟·登建康赏心亭》:"楚天千里清秋,水随天去秋无际。遥岑远目,献愁供恨,玉簪螺髻。落日楼头,断鸿声里,江南游子。把吴钩看了,栏杆拍遍,无人会,登临意。休说鲈鱼堪脍,尽西风,季鹰归未?求田问舍,怕应羞见,刘郎才气。可惜流年,忧愁风雨,树犹如此!倩何人唤取,红巾翠袖,揾英雄泪?"

辛弃疾的这首词被公认为是赏心亭诗词里的翘楚。

吟此亭的历代文人不计其数,赏心亭已经成了一个文化现象。蜚声海内外的秦淮第一诗词亭,也已成为诗词家心中的文化地标。

第四章　秦淮汇江海

序　言

　　放眼世界,绝大多数国家的名城都有一个共性,那就是伴河而生。

　　正如塞纳河之于法国巴黎,泰晤士河之于英国伦敦,哈德逊河之于美国纽约,而秦淮河就是中国第一历史文化名河。

　　从东吴大帝孙权定都南京,开启了中国航海事业的大篇章,秦淮河一直以开放、包容、和平、共享

秦淮汇江海
（顾树荣摄影）

的胸怀迎接着四方来客。明代，郑和下西洋展现了
大国外交的风范，创造了海上丝绸之路的辉煌。

秦淮河边走出了治理大运河的名贤陈瑄，大运
河边至今都传颂着他的功绩伟业。

秦淮河也是中国近代工业发展的开端之地，还
是中国体育强国梦开始的地方，更是一张代表中国
的国际化名片。

星辰大海

世界文化遗产敦煌莫高窟作为当今世界延续时间最长、保存规模最大、保护最为完好的佛教石窟群，被世人称为"沙漠中的美术馆""墙壁上的博物馆"。

其中，开凿于初唐时期的第323窟主室北壁画，以连环画的方式绘有著名高僧康僧会在江南弘传佛法的历史故事。

《梁高僧传》中记载，康僧会，祖籍康居（今哈萨克斯坦一带），在天竺（今印度）长大，后随经商的父亲迁居到交趾（今越南北部），十几岁父母亡故后，便出家为僧。他严格遵守佛家戒律，能够详明解说三藏经文，博览六经典籍。

247年，已经成为一代高僧的康僧会渡海来到东吴都城建业，供奉佛像，弘扬佛法。不久，

敦煌莫高窟第323窟主室北壁画

其受到孙权的信奉和崇敬,孙权为他在秦淮河边修佛塔、建佛寺,这也是佛教传入江南后的第一座寺庙,始称"建初寺"。

这幅敦煌壁画中,画师利用山峦来分隔不同的故事情节,其中表现康僧会从海上而来的场景尤为精彩。画面中,康僧会乘坐扬起风帆的一叶扁舟,船上隐约可以看到几个人,画面以山水为背景,咫尺之图有千里之景,绵延壮阔。

画中的小船,是康僧会从交趾来到建业的重要交通工具,从侧面反映出当时航海技术的强大。公元前 111 年,西汉灭南越国,在南越国的故地设置九郡,交趾郡位列九郡之一。

建安十五年(210 年),吴国凭借强大的海军实力,在越南北部设置交趾郡,孙权任命步骘为交州刺史。

东汉末年,农民起义推翻了汉朝的统治,并形成了曹操的魏、刘备的蜀和孙权的吴三个比较大的军事阵营。

208 年,曹操率领 30 万大军南下,准备一举歼灭孙权和刘备的势力。吴蜀联军总共不到 5 万的兵力,在湖北赤壁同强大的魏军进行了一场军力悬殊的水上大战。

吴蜀联军采用火攻的策略,烧毁了魏军的绝大部分战船,把魏国打得一败涂地,这就是著名的"赤壁之战"。经此一战,三国鼎立局面逐渐形成,这一战也突显了东吴强大的水军力量。

黄龙元年(229 年),孙权在武昌(今湖北鄂州)称帝,正式建立吴国。孙权在定都前曾说,"秣陵有小江百余里,可以安大船,吾方理水军,当移据之",随后便从武昌迁都建业。

被孙权称为"秣陵小江"的秦淮河承载了他心中一个伟大的航海梦,秦淮河也成了中国航海事业开始的地方。

孙权称帝后的次年,也就是黄龙二年(230 年),三国无战事,于是孙权将视线瞄向了更为广阔的海外。

《三国志·吴主传》记载："(孙权)遣将军卫温、诸葛直将甲士万人浮海求夷洲及亶洲。亶洲在海中，长老传言秦始皇帝遣方士徐福将童男童女数千人入海，求蓬莱神山及仙药，止此洲不还。世相承有数万家，其上人民，时有至会稽货布，会稽东县人海行，亦有遭风流移至亶洲者。所在绝远，卒不可得至，但得夷洲数千人还。"

这段记载中的"夷洲"就是如今中国的台湾地区。记载中还提到徐福求取仙药，最终目的地是亶洲，"亶洲"的说法比较有争议，大约就是今天的日本或琉球列岛。

夷洲之外，日本之东，大海茫茫无际，以当时东吴的航海技术，想要跨越大洋，难度的确很大。东吴海军最终因为亶洲"所在绝远，卒不可得至"，于是只俘虏了夷洲数千人后，就班师回朝了。

虽然吴国地处东南沿海，偏安一隅，但是孙权充分利用沿海优势和当时先进的航海技术，大力发展吴国的军事和经济，让吴国成为当时的海洋强国。

北宋的《太平御览》这样评价："吴人以舟楫为舆马，以巨海为夷庚也。"意思是：乘船好像坐车、骑马一样，汪洋大海如同平坦的道路，这确实是东吴航运面貌

南京市博物馆东吴航船模型（王涛摄影）

的真实写照。

当时，孙权想要拉拢辽东公孙渊，在曹魏背后埋下一个定时炸弹。

东吴嘉禾元年（232年），孙权派遣将军周贺、校尉裴潜，浮舟百艘循海北上，至辽东半岛南端的沓津（今辽宁大连）登陆，受到公孙渊的热情接待，公孙渊同时也遣使入吴称藩献马，孙权封公孙渊为燕王。

233年，孙权又派遣将兵万人，携大量珍宝远航到辽东，企图使辽东完全臣服。

不料，公孙渊迫于曹魏压力，又觉得东吴实力太弱，因此当东吴船队登陆后，他突然发动袭击。公孙渊将使者斩杀，献首级于魏国，以表忠心，其余吴国的使者则被分开安置在辽东诸县，东吴的船只也被尽数侵占。

以秦旦为首的部分吴国使者侥幸逃出，来到句骊国（即高句丽，今朝鲜北部、辽宁西部的一部分），并见到句骊王。句骊王派人送几位吴国使臣回国。

次年，孙权遣使前往句骊，赏赐句骊王，句骊王则以上等马数百匹作为答谢回馈吴国。

这次出海,孙权本是想和公孙渊达成联盟,却反遭公孙渊的背叛,虽然孙权与曹魏争夺辽东失败,但是又阴差阳错地促成了吴国和句骊的海上外交。

如果从现代的视角来看,孙权船队的航线也不算太远,好像并没什么了不起,但这是在1700年前的古代,而且中间还隔着劲敌魏国。

这就意味着,孙权的船队在中途没有补给基地。所以说,孙权将万余兵力投送到数千里之外,而且中途不停泊补给,就是放眼200年前,都是无法想象的。

在东吴和句骊的海上外交中,有一次,孙权派了使者带着礼品到句骊进行友好访问。作为回赠,句骊王送了一批马给孙权,由于只有一艘船,因此只装了80匹马回国。

马是活牲口,不能堆放,又不能挤压,且必须有一定的生活空间,还需要备足饲料和饮用水。

如果这些马用今天载重4吨的卡车来装运,也需要将近20辆车。如此,可以想象一艘能装80匹马的东吴船只,是有多么强大的运载能力啊!

248年,孙权派了一支3万人的庞大船队,由将军聂友和校尉陆凯率领,从海路进军珠崖、儋耳。珠崖、儋耳就是如今我国的海南地区。

当时,东吴已能组织这样庞大的船队,实在不是件容易的事。

三国时期,东吴统治的长江中下游地区的经济有了很大的发展。东吴的稻田每亩已可以收到三斛(一斛约60千克)米。有了这样的经济基础,再加上江南水乡优越的自然条件,东吴航运事业的发展有了坚实的基础。

以造船业来说,当时已能根据不同的用途,制造出不同种类的船舶,单是军用船只就有艨冲、斗舰、舸等。

艨冲是一种战斗力较强的战船,船身外面蒙着牛皮,可以使敌人的箭射不到里面的人,里面的人却可以用弓箭和长枪等武器从小孔中射伤敌人。整条船操纵灵活,进退自如。

斗舰是一种比艨冲更大的战船,战斗力也更强。舸则是一种非常灵巧的战船,上面操作桨的人要比其他船多一倍,速度和灵活程度都是其他船无法比拟的。从军用船只种类的繁多,可以看出当时的造船业已经比较发达了。

孙权新建政权不久,就有船舰 5000 多艘了,东吴在永宁(今浙江温州市)、横阳(今浙江平阳县)、温麻(今福建连江县)等处都设有"船屯",以发展造船业。

东吴有很多技术高超、熟练的造船工匠,并在建安设了管理造船的官员——典船校尉。东吴制造的战船,最大的上、下五层,可载 3000 名士兵。孙权乘坐的"飞云""盖海"等大船更是雄伟壮观。

东吴时期,民船业也很发达,最有名的"温麻五合"和"青桐大舡"等海船,选材考究,极为坚固。

自汉代起,东南亚及西亚许多国家就与我国有了海上往来,后经历战乱,这种友好关系暂时中断。为了同这些国家恢复外交关系,孙权重新开启了南洋航海之旅。

《梁书·诸夷传》记载,226 年,东吴大帝孙权曾派宣化从事朱应、中郎康泰前往东南亚等国进行"南宣国化",这也是东吴航海最远的行程。

朱应、康泰出使扶南(今柬埔寨)、林邑(今越南南部)等 100

多个国家,顺利地完成了这次海上外交任务,使东吴与这些国家建立了友好关系。

不久之后,这些国家也相继派使者来到东吴,航海像一条友谊的丝带,再一次把我国和世界紧密地联系在一起。航海归来后,康泰撰写了《吴时外国传》,朱应撰写了《扶南异物志》,两本书都已失传,但书中的不少内容被其他书籍引用而保留了下来。

这是由中国人撰写的东南亚部分国家的早期历史,部分柬埔寨学者认为,如果没有康泰和朱应的著作,他们根本无法了解柬埔寨早期的历史。

宋代《太平御览》中收录的《吴时外国传》曾记载,从加那调州(今缅甸丹那沙林,一说在孟加拉湾西岸)乘七帆大船,顺风航行一个多月,就可以到达大秦国,也就是罗马帝国。

《梁书·诸夷传》中还曾记载,黄武五年(226年),东吴的交趾太守吴邈将大秦商人秦论送到建业。

孙权向秦论了解了罗马的风土民情,为表示友好,特地差人送秦论回国。这也是有史记载的罗马商人到达南京的最早纪录,也是有据可考的第一位来到中国的罗马商人。

东吴以长江天险为界,长期偏安江南,境内河湖水道纵横,水系十分发达。从军事上来说,这对于水战都是得天独厚的条件。

东吴坐拥东南沿海,境内又有多个著名港口,这同时又给东吴进行海外拓展和经济贸易带来了极大便利。

东吴时期,历代吴主鼓励民众种植和养蚕,十分重视丝绸生产。孙权设立了官营丝绸生产机构"御府"。当时,御府中也生产锦绣等丝绸产品,生产作坊就是御府下属的织室。

官营丝织自东吴始创以来便代代相传,极大地促进与推动了中国丝绸业的发展。东吴发达的航海业与丝绸业紧密相连,海上丝绸贸易也是从那时起就产生了积极而又深远的影响。所以,现在日本仍用"吴服"来定义他们的民族服装"和服"。

"王濬楼船下益州,金陵王气黯然收。千寻铁锁沉江底,一片降幡出石头。"唐代诗人刘禹锡的《西塞山怀古》写出了晋灭东吴的史实。

东晋时期的《晋阳秋》中记载:"濬收其(东吴末主孙皓)图籍,领州四,郡四十二,县三百一十三,户五十二万三千,吏三万二千,兵二十三万,男女口二百三十万,米谷二百八十万斛,舟船五千余艘,后宫五千余人。"这份东吴政权的"遗产"清单,呈现出其强大的航海实力。

东吴灭亡也是历史车轮前进的必然,而其创建的伟大的航海精神却并未消失,而是在不断地延续与发展。

东晋与南朝宋、齐、梁、陈等国也屡屡出海通使,甚至在民间还兴起了海外贸易的潮流。

东晋、南朝时期,从建康出发的使者、僧人到过朝鲜半岛甚至日本,东亚地区列国更是多次遣使至建康。

东晋与南朝宋、齐、梁、陈等国同朝鲜半岛国家之间的交流也更加频繁。与东晋同一时期的百济与高句丽正处于南北对峙的状态,所以百济与东晋的外交只能走海路。

南朝梁、陈时，新罗也派使臣来华。

这些活动使得"海上丝绸之路"的南海航线与东海航线在建康相交汇，促成了更为广泛的海上交流网络的形成。

这一时期，西域一些国家也从陆路来到建康，这就形成了海、陆两大丝路沿线国家使节在建康友好相会的宏大场面。

六朝时期，建康城内专门设有"显仁馆""扶南馆"等机构，用于接待外国来宾。

梁元帝萧绎所绘《职贡图》原作约成画于梁武帝时期，当时萧绎还是皇子，原图中共绘有 35 个国家的使节。

现存此图为北宋摹本的残卷，图中仍清晰可见 12 位来华朝贡使者的形象，他们依次为滑国、波斯、百济、龟兹、倭国、狼牙修、邓至、周古柯、呵跋檀、胡密丹、白题、末国的使者。

画面中，朝贡的使臣们身着各式民族服装，拱手而立，表情既严肃又欣喜，传达出不同地域和民族使者的不同面貌和精神气质。

每一位使者的背后，都有一段叙述其国家方位、山川、风土以及历来朝贡情况的题记。

《职贡图》反映出当时的南京可以称得上是一座东亚地区的国际化大都市，真实展现了南北朝时期各个国家之间友好往来的场面。

日本学者吉田怜曾说，"从文化上来说，6 世纪的南朝就如君临东亚世界的太阳，围绕着它的北朝、高句丽、百济、新罗、日本等周围各国，都不过是大大小小的行星，像接受阳光似的吸取从南朝放射出来的卓越的文化"。

《职贡图》正是这一时期南朝与周边地区及国家政治、经济、文化的一个象征,充分体现了南朝文化对东亚地区乃至世界文化发展的影响。

据《宋书·五行志》记载,在东晋时,秦淮河石头津渡已经发展到"贡使商旅,方舟万计"的规模,水面上经常停泊着成千上万只船只。

南京输出的货物主要是丝织品,输入的有琉璃、象牙、犀角、珍珠、珊瑚、玳瑁、木棉、香料、檀香木、佛像,甚至还有狮子、大象、犀牛、鸵鸟、鹦鹉、孔雀等珍禽异兽,这促进了商品经济与手工业技艺的发展。

六朝时期,南京与海外频繁交流,从小江到大海,这也为之后的隋唐长安与海外各国的友好交往,为海上丝绸之路的开拓发展,奠定了坚实的基础。

平江禹功

南京夫子庙景区东牌楼旁有一条熙熙攘攘的平江府路,它北起建康路,南至长乐路,串起了诸多历史名胜,桃叶渡、白鹭洲、乌衣巷,几乎每一个都是南京旅游的热门景点。

南京夫子庙平江桥（黄欣摄影）

跨秦淮河并以路为名的平江桥,也是拍摄秦淮河的绝佳取景地,青砖小瓦马头墙,回廊挂落花格窗的秦淮风情就是摄影师非常出片的素材库。

有些来南京游玩的游客,常误以为南京的平江府路是用了苏州的地名。

北宋政和三年(1113年),苏州被升为平江府,苏州文庙里至今还保存着刻于南宋绍定二年(1229年)的一块《平江图》碑。《平江图》碑是中国现存最大、最完整的碑刻地图,也是世界罕见的巨幅古代城市规划图。

也许是苏州的平江府早已深入人心，当人们乍一看到南京秦淮河边居然也有一个"平江府"，心里有疑问，自然也是可以理解的。

永乐元年（1403年），明成祖朱棣封陈瑄为平江伯，并命其为总兵，总督海运。陈瑄的平江伯府就在夫子庙的秦淮河边，所以南京的平江府路、平江桥的得名，皆是因陈瑄这位明代的平江伯而来的。

在南京的历史中，名人名士如天上的繁星，陈瑄只是其中的一颗，可他却紧密地将秦淮河和大运河联系在一起，尤其是在全民掀起研究大运河文化的热潮中，我们更不应该忽视这位从秦淮河边走出去的水利名贤。

陈瑄，字彦纯，今安徽合肥人。他不仅是明代杰出的军事将领，还是一位水利专家，更是中国历史上第一任漕运总兵。

明清两代一直实行的漕运管理制度就是陈瑄确立的。陈瑄先后督理海上漕运、内河漕运共计30年，为明代的漕运以及水利建设作出了杰出的贡献。

陈瑄的一生可以用精彩来形容，按现代流行的话说，他是一位具有传奇色彩的跨界达人。

陈瑄早年随父亲任职成都，曾修理过都江堰。年轻时的陈瑄，武艺高强，擅长骑射。

由于是武臣之子，陈瑄得以舍

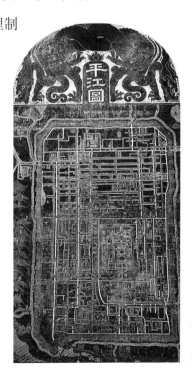

苏州文庙《平江图》碑（崔嘉航摄影）

人的身份去军中历练,随侍大将军蓝玉,并深受蓝玉的器重。陈瑄多次跟随蓝玉征战,是平定西南战争中的一员猛将,陈瑄后来袭父职,任成都右卫指挥同知。

陈瑄因在征讨百夷之战中屡立战功,从而升任四川行都司都指挥同知。

陈瑄早年的履历上写满了赫赫战功,如果就这样一直发展下去,他最终会成为一代名将。也许是命运的安排,又或是曾经修理过都江堰的经历,曾经的猛将一朝将要和水利打交道了。

建文四年(1402年),陈瑄被朱允炆升任右军都督府都督佥事,统领水师,镇守南京江防。当时,朱元璋四子燕王朱棣和以皇孙身份继位的朱允炆为了皇位继承问题正打得激烈。

朱允炆一方此时明显处于下风,咄咄逼人的燕军已经兵临大江。在这个紧要关头,朱允炆把非常重要的南京江防职务交给了陈瑄。

陈瑄应该是提前预判了朱允炆的结局,所以当燕军抵达江北浦口时,他主动率水师迎接朱棣,从而使燕军顺利渡过长江,攻入南京。

不久,燕王朱棣在南京称帝,史称明成祖。是年九月,朱棣大封功臣,陈瑄因襄助燕军有功,加授奉天翊卫宣力武臣勋号、特进荣禄大夫、柱国,封平江伯,食禄一千石,子孙世袭指挥使之职。

朱棣在南京登基后不久,就着手准备把都城从南京迁到北京的诸项事宜。全国的政治中心北移是一件牵一发而动全身的大事,其中粮食和物资的运输通道就是摆在议事日程上的头等大事。

元代初期,统治者在隋唐大运河的基础上,裁弯取直,开凿了北起大都、南至杭州的大运河。由于黄河的含沙量较大,再加上当时的工程技术相对落后,淮河以北的很多河段都失去了航运功能。

1283 年,元世祖忽必烈下令将漕粮改由海路运往北京,海运替代了大运河的运输功能,到了明代初期,京杭大运河早已无法全线通贯。

漕运是中国历史上一项重要的经济措施和制度,历来统治者都把漕运上升到国之根本的高度。永乐元年(1403 年),甫一登基的朱棣就立刻任命陈瑄为漕运总兵,总督海运,显示出其对漕运以及陈瑄的重视。

陈瑄也不负所托,从海上运粮 49 万石到北京及辽东,并筑天津卫城,建百万仓于直沽。在督理海运期间,陈瑄让漕卒与海上岛民进行互市,公平交易,既利于岛民,又便于海运。

永乐九年(1411 年),陈瑄率领 40 万士兵修筑坍毁的海堤18000 多丈,保护了海门至盐城一线数十万民众的生命及财产安全。

永乐十年(1412 年)春,陈瑄又于青浦东北沿海筑土山,方圆 100 丈,高 30 多丈,并在山上设立航海标志,该山被明成祖朱棣赐名为"宝山",并亲自撰文为记,这就是今天上海市宝山区名称的由来。

明初,漕运的海运航线除了会遇到不可抗力的风险,还会有倭寇海盗进行骚扰,身为漕运总督的陈瑄又把曾经勇战沙场的一身武艺施展开来。

永乐七年(1409 年),陈瑄与安远伯柳升一同率水师巡海,结果在青州海面遇到倭寇侵袭沙门岛。他当即带兵迎击倭寇,一直追击到朝鲜国境内的金州白山岛,将倭寇船只全部焚毁。

永乐九年(1411年),陈瑄又与丰城侯李彬统领浙江、福建两地水师,剿捕海寇。

淮安总督漕运部院(胡洋摄影)

永乐十三年(1415年),工部尚书宋礼恢复重建了今山东境内的会通河,京杭大运河再次全线贯通。京杭大运河全长1794千米,沟通了中国的五大水系,跨越了十个纬度的大运河,成为明代都城北京赖以生存的生命线。

同时,朱棣下令废止海运,漕粮物资全部改为河运。由于大运河的贯通,朱棣迁都工程得以顺利开展,永乐十九年(1421年),浩大的迁都工程终于完成,这也和陈瑄在这一时期出色的漕运管理工作分不井。

由于陈瑄漕运功绩突出,朱棣又把运河漕运的重任交给了他。当时的大运河虽已全线贯通,但两岸残破不堪,还有大量的水利工程需要治理和维修。

陈瑄在湖广、江西等地督造平底浅船2000多艘,漕粮的运力由起初每年 200 万石,后逐渐增加到 500 万石,使得国用得以富足。

陈瑄在负责运河漕运之初便遇到了一个大难题,当时江南漕运船到达淮安后,要转运过仁、义、礼、智、信五坝入淮河。

五坝类似现代船闸的斜面升船机,船舶过坝时,先卸下货物,然后用辘轳绞索将其拉上坝,再下坝,过坝后,再把货物装船,而且漕船还要在淮河中逆行 60 里才能到达北岸的清河口,这个过程极其复杂,既耗时耗财,又费力。

陈瑄针对这一问题,听取当地老乡的建议,并利用自己曾经在四川整修都江堰的经历,在清口修建了一个障碍——葫芦墩。

自淮安城西侧管家湖起,开凿 20 里河渠,也就是现在的清江浦,将湖水引入淮河,并由北向南依次修建了新庄、福兴、清江、移风四闸。这样不仅结束了漕船在此艰难翻坝的历史,还降低了漕船在淮河中长距离逆水行驶的危险。

大运河江苏段的很多地方都留下了陈瑄治漕的功绩:疏浚瓜洲、仪真河道,开通泰州白塔河,使运河直通长江;自新庄镇旧口至越城大筑高家堰,这也是洪泽湖大堤的雏形。

陈瑄还率领扬州军民疏浚了扬州段大运河,扬州城边的大运河因而由东南改道;筑造宝应、氾光、白马诸湖长堤,在堤顶修纤道;在高邮湖堤内凿渠 40 里,以避风涛之险,极大改善了运河过湖的运输条件。

此外,陈瑄还解决了徐州因徐州洪、吕梁洪而影响运河北上的问题。为了打通运河北上的渠道,陈瑄把治理"徐、吕二洪"作为一项重要工程来抓。

他积极组织人力凿滩,整治"徐、吕二洪",于宣德元年(1426

年）和宣德七年（1432年），在吕梁洪旧河两岸凿渠，在渠上建闸两座，既治服了水患，又方便了运输。

陈瑄不仅是一个杰出的水利工程专家，还是一个出色的水利管理专家。他在抓"治"的同时，还强化了"管"。

他在大运河沿线的淮安、徐州、济宁、临清、德州、通州等转运枢纽先后建立粮库50处，这些粮库被称为"常盈仓"。

有了这些仓库的存储和转运，运河上的漕船可以分段运输，避免了一船行进到底的误时费力，提高了漕运整体的运输效率。

明宣德八年（1433年），69岁高龄的陈瑄仍带病在淮安一带勘察水利，为治水贡献了毕生精力的五朝元老，最后病逝于漕运任上。

1. 淮安清江浦葫芦墩（张恒摄影）
2. 淮安陈潘二公祠（倪国安摄影）
3. 从秦淮河到大运河（胡文杰摄影）

宣宗皇帝听到讣闻后十分哀恸，特地派官员前去致祭，还辍朝一日，为陈瑄举行国葬，并追封陈瑄为平江侯，赐谥号"恭襄"，还命工部将其葬于南京隐龙山。

陈瑄死后80多年，明武宗为感激他治水的功业，又御赐"德缵禹功"匾额，称赞他继承了大禹治水的精神。

清江浦沿岸的百姓感念陈瑄治理运河的功勋，立祠于清河县（今江苏淮安），朝廷命有关部门春秋时进行祭祀。

2014年6月22日，中国大运河在第38届世界遗产大会上获准列入世界遗产名录，其也成为中国第46个世界遗产项目。

中国大运河申报的系列遗产分别选取了各河段的典型河道段落和重要遗产点，包括河道遗产27段，总长度1011千米，相关遗产共计58处，这其中很多都是陈瑄为后人留下的。

在大运河沿岸民众的心里，陈瑄是如禹神一般的存在。

生长于秦淮河边的南京人也不应该忘记，曾经有这样一位平江伯，他从秦淮河扬帆起航，驶向了这条金色的大运之河。

七下西洋

深受广大读者喜爱的著名作家金庸先生的第二部武侠小说《碧血剑》，一开篇就写了一个历史故事："大明成祖皇帝永乐六年八月乙未，西南海外浡泥国国王麻那惹加那乃，率同妃子、弟、妹、世子及陪臣来朝，进贡龙脑、鹤顶、玳瑁、犀角、金银宝器等诸般物事。成祖皇帝大悦，嘉劳良久，赐宴奉天门。……麻那惹加那乃国王眼见天朝上国民丰物阜，文治教化、衣冠器具，无不令他欢喜赞叹，明帝又相待甚厚，竟然留恋不去。到该年十一月，一来年老，二来水土不服，患病不治。成祖深为悼惜，为之辍朝三日，赐葬南京安德门外。"

浡泥国就是今天的文莱，全称"文莱达鲁萨兰国"，位于加里曼丹岛西北部。

"浡泥"一词来源于梵语，意即"航海者"，达鲁萨兰在阿拉伯语中意为"和平的土地"，综合起来就是"生活在和平之邦的海上贸易者"。

中国至少从宋代开始就与浡泥国往来了。明代初年，两国交好，明朝曾派使者前往浡泥国，劝说国王麻那惹加那乃向明朝称藩。

永乐三年（1405 年）冬，麻那惹加那乃遣使入贡。作为回报，明成祖派使者册封麻那惹加那乃为王，并赐印诰、锦绮、采币等。

永乐六年（1408 年），麻那惹加那乃国王带着由亲属、大臣 150 多人组成的代表团，以朝贡的名义正式踏上访华之路。

浡泥国王是第一位来到明朝的海外藩王，对于这一次的朝贡之行，明成祖朱棣非常重视，专门派太监张谦去福建迎接浡泥国王一行。从福建到南京的途中，朝贡团一行均受到热情的接待。

"赐宴奉天门"指的是朱棣在南京皇宫奉天殿前的奉天门接见了浡泥国王。2011 年，考古学家确认奉天门的位置大约在今天南京中山东路午朝门公园内。

1958 年 5 月，南京市文物管理委员会的文物普查人员发现了位于南京市雨花台区安德门外乌龟山南麓的浡泥国王墓。

《碧血剑》开篇提及的故事不仅仅是一个历史故事，更确切地说，这是一个发生在南京的海上丝绸之路的故事，是这一时期中国与世界各国友好往来的重要历史见证。

1. 南京安德门外的浡泥国王墓（顾苏宁供图）
2. 南京明故宫奉天门遗址（黄欣摄影）

明初，明太祖朱元璋积极发展与藩国的邦交关系，对周边国家采取"不侵占"的政策，并在《皇明祖训》中列出了 15 个"不征之国"，试图构建一个有等级秩序的、和谐的理想世界，形成了影响明朝近 300 年的和平外交模式。

经过朱元璋 31 年的励精图治,农业恢复了,手工业也有了很大的发展:矿冶、纺织、陶瓷、造纸、印刷等方面,都比以前有了不同程度的提高。

此外,元末时的江南地区已有相当规模的海船建造业,到明初更建立起了规模庞大的官营造船厂,除南京设有龙江宝船厂,苏州、松江(今上海)、镇江等地均设有官营造船厂。

随着工商业的恢复和繁荣,发展海外交通和海外贸易已经是十分迫切的事了。

中国的丝织品、瓷器受到西洋诸国的欢迎,而中国对不能自行生产的香料等物也有较大的需求。

明成祖朱棣倡导沟通域外国家。永乐元年(1403 年),他派人出使了古里、满剌加,又于永乐二年(1404 年)派人出使了爪哇和苏门答腊,这些都为郑和下西洋打下了坚实的基础。

永乐三年(1405 年),郑和第一次下西洋。随后,明成祖就南征安南,将之纳入明朝版图。"郡县安南"之后,明朝从陆路近可制占城,远可控满剌加,这为郑和后续的下西洋活动提供了有力的支持,使西洋朝贡体系得以顺利建立和巩固。

2003 年 8 月,经国家文物局批准,南京市博物馆考古队对明代宝船厂遗址中的六作塘进行考古挖掘。考古报告中记录,该遗址共出土文物 2000 多件,其中有两根巨型舵杆,较长的一根为 10.925 米,另一根为 10.06 米,材质均为格木,出土时又黑又亮,表面像丝绸一般。

经测算,这样的舵杆造出的宝船应该长 44 米,宽 11 米,排水量达 2000 吨。造宝船的这些好木料来自江西、湖北、湖南、重

庆森林中的巨木，这些巨木被砍伐后，通过长江顺流而下，经秦淮河一路漂到南京三汊河宝船厂。

　　在郑和下西洋前，中国的造船技术已经有了较高的水平。约在唐代，中国人已经发明了水密隔舱、车船、平衡舵、开孔舵。

　　在船型方面，宋元时期，中国海船的船型已经定型，以福船、沙船、广船最为著名，它们被认为是中国古代的三大船型，其中又以福船应用最广、影响最大。

　　在船壳结构上，中国海船一般采用"鱼鳞式"结构，亦称"错装甲法"结构，这种结构可以使船壳板联结紧密，整体强度变高，且不易漏水。中国海船的载重量也相当可观，南宋时就可达万石以上，大型海船甚至可载乘客千人。

　　在船舶的人居环境上，可以做到生活设施齐全，配备洗漱设施，设有幽雅客房，备有充足的食品，甚至可以在船上养猪、种菜、种药材、酿酒，以及种植盆景以供观赏，这也成为现代游轮的早期模样。

　　明代嘉靖《南枢志》中曾记载，明永乐三年（1405 年），南京

龙江宝船厂遗址
郑和宝船（王腾
摄影）

城西北建有宝船厂,这是对宝船厂创立年代最明确的记录。

明永乐三年正是郑和第一次下西洋的时间,龙江宝船厂就是为郑和下西洋而专门兴建的造船基地。从考古队发掘的六作塘的构造来看,状如巨船的塘型正是当年建造郑和宝船的船坞。

史料记载,在郑和下西洋的 14 个月内,共建造宝船 64 艘,这都归功于明成祖朱棣的大力推进,江苏、江西、浙江、福建、湖南、广东等地造船厂全部受命来到龙江宝船厂。船厂规模最大的时候占地 4000 多亩,人员工匠多达 3 万人,是当时最大的皇家造船厂。

南京河西龙江地区从中堡村到三汊河,依次建有七大作塘,在作塘附近设有 7 个大作坊和 13 个小作坊,分别生产缆绳、锚、舵等。大作塘同时造船,可以建造大小近百艘宝船。

嘉靖年间,工部主事李昭祥撰写的《龙江船厂志》就曾记载,宝船厂有造船人下西洋带回的宝物,它们被存放在船厂的宝库中,还派有匠丁看守,到了嘉靖年间,宝库已经荒草丛生。这进一步证明,到了明朝中叶的嘉靖时期,宝船厂已经停产,甚至已经遭到废弃。

如此巨大的宝船是如何在作塘里建好后驶入长江的呢? 历史的谜题总是能提起人们探究的兴趣。一种说法是,每个作塘与长江之间都有一个水闸,当船建好以后,提闸放水,船就漂起来了,直接驶入长江。据实验论证,长江水量

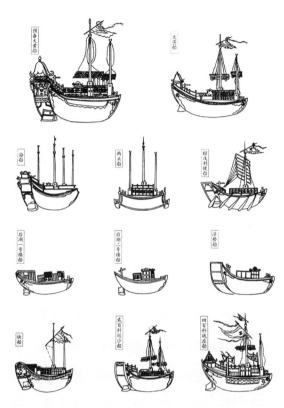

大,开闸放水后,小小的作塘是难以抵御如此强大的水压的,会立即被冲毁。

第二种说法是每个作塘的后面都与秦淮河相通,明代时期,秦淮河的水面还是很宽阔的,宝船造好后,可以通过秦淮河进入三汊河,然后驶入长江。

《自宝船厂开船从龙江关出水直抵外国诸番图》是记录郑和下西洋航路的一本重要的图集,后人多将其简称为《郑和航海图》。

根据《郑和航海图》中的记载,郑和船队使用海道针经24

或48方位指南针导航,把航海的天文定位与罗盘导航的技术应用结合起来,提高了测定船位和航向的精确度,这被称为"牵星术"。

牵星术通过测定天的高度来判断船舶的位置、方向,从而确定航线,中国的天文导航技术在那个时代已经居于世界先进水平。

郑和船队白天用指南针导航,夜间则用观看星斗和水罗盘定向的方法保持航向,他们还解决了船上储存淡水、船的稳定性和抗沉性等问题,所以郑和的船队能够在险恶的条件下昼夜兼程,很少发生意外事故。郑和船队间的通信联络,白天以约定方式悬挂和挥舞各色旗带,组成相应旗语;夜晚以灯笼反映航行时的情况,遇到能见度差的雨雾天气,也配有铜锣、喇叭和螺号用于通讯联系。

在天文航海技术方面,中国很早就可以通过观测日月星辰来测定船的方位。郑和下西洋使用的地文航海技术,以海洋科学知识和航海图为依据,运用了航海罗盘、计程仪、测深仪等航海仪器,按照海图、针路簿的记载来保证船舶的航行路线。

《明史》中对于郑和的出身只有14个字的记载:"郑和,云南人,世所谓三保太监者也。"历史学家吴晗推测,洪武十四年(1381年),10岁的郑和被平定云南的大将沐英带入南京皇宫,成为随侍四皇子朱棣的太监。

郑和进宫前叫马二保,回族人,南京如今有一条马府街,就是当年郑和府邸的所在地。

马三保在朱棣身边长大,跟随朱棣南征北战,在靖难之役第一次大胜仗郑村坝之战中,马三保立下大功,被赐姓郑,改名郑和。

朱棣对郑和的人品、才能、学识有着充分的了解,所以他将率领船队下西洋的重任交给郑和并让他担任下西洋总兵正使。

郑和率领船队从南京出发,在江苏太仓刘家港集结,从内海至福建福州长乐太平港伺风远洋。从永乐三年(1405年)到宣德八年(1433年)的近30年里,郑和七次下西洋。

郑和的航程涉及西太平洋和印度洋,先后到访30多个国家和地区,其中包括爪哇、苏门答腊、苏禄、浡泥、古里、暹罗(今泰国)、阿丹、天方等地,已知最远到达东非和红海地区。

郑和不但是一位出色的航海家,而且是一位杰出的外交家。他在七次下西洋的过程中,曾遭遇至少三次海洋邻国战争,也遇到过海盗的侵扰,然而郑和都能沉着冷静地应对,用智慧化解争端,促使当地人民过上和平的生活。

郑和船队走遍了东南亚诸国,所到之处都树立了极高的大国威信。斯里兰卡科伦坡国家博物馆珍藏的《布施锡兰山佛寺碑》就是郑和船队留下的,其也成为见证中斯两国友谊的文化遗产。

郑和船队第四次下西洋时,首次绕过阿拉伯半岛,来到位于东非的马林(今肯尼亚),且发现了中国神话中的祥瑞之物麒麟,而这个麒麟的真身就是长颈鹿。郑和归国时,马林派使者带着麒麟来到了南京,而当时的明朝为了迎接麒麟的到来,还举办了一场盛大的仪式,连明成祖朱棣都亲自到奉天门前一睹祥瑞之兽的风采。

郑和船队第七次下西洋时,最远到达非洲南端,接近莫桑比克海峡,船队途经20个国家,前后达两年半之久,这也是郑和的最后一次远航。1433年3月,郑和在印度古里病逝,永远离开了

牛首山郑和墓（顾苏宁供图）

他深爱的海洋，而古里也是郑和第一次下西洋时到达的最远的地方，七下西洋期间，郑和船队也多以古里作为补给站。

南京是郑和的第二故乡，这片秦淮大地是他扬帆起航的地方，而郑和最终也葬于南京江宁谷里。

清代同治时期，《上江两县志》中明确记载了郑和卒于古里，赐葬于牛首山这一史实。

2005年7月11日，中国航海日正式启动，600年前的这一天也正是郑和第一次开启海洋之时。

南京瓷塔

世界各国的名城大多都有这样一个特点，就是伴河而生，因河而美，而每一个城市的母亲河都会有一个地标性的建筑，从而吸引着四海八方的游客慕名而来。

正如英国伦敦的大本钟之于泰晤士河，法国巴黎的埃菲尔铁塔之于塞纳河，美国纽约的自由女神像之于哈德逊河，中国六朝古都南京的大报恩寺琉璃塔之于秦淮河同样也是伴河而生的璀璨明珠。

丹麦童话作家安徒生在 1839 年写了一篇名为《天国花园》的童话作品。在这个童话里，他写了一个风的家庭，风妈妈和她的四个孩子：东风、南风、西风、北风，他们分别到东、西、南、北四个方向去旅行，回来后各自讲述世界各地的神奇见闻。

其中，那位叫东风的少年，穿着中国人的衣服，从中国飞回家，他这样告诉风妈妈："我刚从中国来，我在瓷塔周围跳了一段舞，把所有的钟都弄得叮当叮当地响起来！"

东风少年的话充满诗意，让人如沐春风。东风少年提到的中国瓷塔也并非安徒生凭空想象出来的，它正是南京秦淮河边大报恩寺中的琉璃塔。

1. 英国伦敦泰晤士河大本钟（吴晓晴摄影）
2. 法国巴黎塞纳河埃菲尔铁塔（黄欣摄影）
3. 美国纽约哈德逊河自由女神像（顾树荣摄影）

1403年，明成祖朱棣在靖难之役中获得全胜，从侄子朱允炆手上夺得皇权，在南京登基。在将都城从南京迁往北京之前，为了表示其获得皇位的正统合法性，朱棣昭告天下，为报答父母之恩而决意重建大报恩寺及其琉璃宝塔。

大报恩寺自永乐十年（1412年）十月十三日午时动工，由第三次下西洋返回休整的郑和与另一名太监汪福主持修塔之事，完全按照皇宫的标准来营建。

大报恩寺的施工极为考究，因临近秦淮河，地质松软，所以地基均用木炭垫底，其方法是地基上先钉入粗大木桩，然后纵火焚烧，使之变成木炭，再用铁轮滚石碾压夯实，使地质坚硬，能够承受重压，再在木炭上铺设一层朱砂，以起到防潮、杀虫的作用。

大报恩寺的修建显示了郑和的组织和营造才能。由于郑和造塔时不惜工本，导致施工周期太长，永乐皇帝朱棣还没等到塔完工，就驾崩于亲征漠北的路上。

朱棣的孙子明宣宗朱瞻基在其执政时的宣德三年（1428 年）曾敕书郑和，讲其自永乐十年开始兴建大报恩寺，至今仍未建好，花费了太多人力、物力、财力，并命令郑和务必在当年 8 月底完工。

大报恩寺的营建工程浩大，据有关史料记载，这一工程直到 1431 年才正式完工，先后历时 19 年，而同一时期北京紫禁城的工程量数倍于它，也仅用时 3 年半。仅建塔一项，就动用全国征集的良匠军工达 10 万人，银两约 250 万两，就连郑和下西洋所剩的百余万银两也全部用于建塔工程。

大报恩寺的塔室为方形，塔檐、斗拱、平坐、栏杆饰有狮子、白象、飞羊等佛教题材的五色琉璃砖。塔身用白瓷贴面，设琉璃拱门门券，底层建有回廊。

琉璃塔的塔顶镇有黄金及各种宝珠，角梁下悬挂风铃 152 个，它们日夜作响，声传数里。琉璃塔自建成之日起就点燃长明塔灯 140 盏，每天耗油 60 多斤，金碧辉煌，昼夜通明，人们在数十里外的长江上也可望见，其成为南京最具特色的地标建筑，被称为"天下第一塔"。

明清时期，一些欧洲商人、游客和传教士来到南京，将琉璃塔称为"南京瓷塔"。明代晚期，来南京传教的葡萄牙人曾德昭将中国大报恩寺琉璃塔与意大利古罗马竞技场、埃及亚历山大地下陵墓、意大利比萨斜塔等相媲美，称之为中世纪世界七大奇迹之一。

明末文学家张岱在《陶庵梦忆》中对大报恩寺塔有一个精准的评价："中国之大古董，永乐之大窑器，则报恩塔是也。报恩塔成于永乐初年，非成祖开国之精神、开国之物力、开国之功令，

其胆智才略足以吞吐此塔者,不能成焉。”

　　书中还写了一个建塔的秘密,琉璃塔烧制的琉璃瓦、琉璃构件和白瓷砖,都是一式三份,建塔时用去一份,其余两份编好号后埋入地下,以备有缺损时,上报工部,照号配件修补。1958 年,大报恩寺塔遗址附近出土了大批带有墨书字号标记的琉璃构件,充分印证了这一段史实。

中国南京秦淮河
大报恩寺琉璃塔
（顾树荣摄影）

最早让"南京瓷塔"的美传播到西方的，是荷兰画家约翰·尼霍夫。1655 年，约翰·尼霍夫跟随荷兰东印度公司派出的使团来到中国，这是荷兰使团第一次来到中国，所以该公司要求随团文书将沿途看到的景象以文字和绘画的方式记录下来，当时担任这个职位的正是约翰·尼霍夫。

从广州到北京，约翰·尼霍夫一路写一路画，记录下他所看到的奇人轶事和奇妙建筑。在南京，美轮美奂的大报恩寺琉璃塔给他留下了深刻的印象，他也用画笔将其细细描绘。

虽然出使任务没有完成，可是约翰·尼霍夫却留下了大量的文字笔记和素描画。

1665 年，他的哥哥亨利·尼霍夫将这些资料整理、编辑后，出版了《尼霍夫行记》。这是继《马可·波罗游记》之后，又一部图文翔实的中国游记。

这本书出版之后，迅速在欧洲热销，极大地满足了当时西方人对于这个东方神秘古国的好奇心。

南京大报恩寺琉璃塔是约翰·尼霍夫在中国期间重点描绘的对象。约翰·尼霍夫的绘画技艺很高，他遵循写实主义的表现手法，将所绘对象惟妙惟肖地展现出来，连微小的细节也不放过。

西方人对楼层的计数方式和中国人有所不同，他们习惯于把中国的第二层算作第一层，所以当大报恩寺内的僧人告诉约翰·尼霍夫琉璃塔一共有九层时，他就画了十层。

由于尼霍夫绘制的琉璃塔在欧洲已深入人心，随即又引发了模仿风潮，所以一向都是单数层的佛教琉璃宝塔在欧洲竟然被错传成了双数层的瓷塔。

法国国王路易十四为了讨自己情人蒙特斯潘夫人的欢心，特命建筑师建造一座时尚的宫殿。宫廷建筑师芒萨尔从"南京瓷塔"中获得灵感，设计了一座全部采用瓷砖建造的特里亚农瓷宫。

此后，法国人安蒂尼·弗朗索斯依照琉璃塔的外形，仿建了一座高为 44 米的香侬宝塔。有趣的是，这座塔的底部还用汉字刻了"知恩"两个字。

英国人也不甘示弱，他们完全模仿琉璃塔建造了一座建筑——邱园宝塔。邱园宝塔位于英国伦敦皇家植物园，高约50米，与琉璃塔一样，每层高度和周长以30厘米的级差逐级递减，灰墙朱栏，塔身颜色十分丰富。

约翰·尼霍夫于1665年绘制的大报恩寺（图来自《尼霍夫游记》）

邱园宝塔刚建成时，塔顶边缘甚至还盘绕着80条彩色的木龙，具有浓浓的中国风，现已无存。它也是与南京琉璃塔神韵最为相似的英国"孪生兄弟"。

英国邱园宝塔（顾红艳摄影）

1792年，英国政府任命马戛尔尼为正使，以庆贺乾隆皇帝八十大寿为目的出使中国。乾隆皇帝对英国使团的到来表示欢迎，可这一次的外交事件却因两国在人文习俗上有巨大差异而失败。

英国使团离开北京之后，经京杭大运河沿线一路参观考察，游历了中国的东南沿海地区，在前后5个月的时间内，他们了解了不少中国的风土人情。

英国使团中有位画师叫威廉·亚历山大，他在访问中国期间，创作了大量的画作，其中也包括南京大报恩寺琉璃塔的画作。

他回英国后，又创作了一系列有关中国风俗的画作，再现了康乾盛世时期的社会现实。随后，威廉·亚历山大又在伦敦皇家艺术学会展览并出版了画册和书刊，他的中国风光画再一次促进了西方对中国的了解。

托马斯·阿罗姆是19世纪中叶英国维多利亚风格的建筑师和画家，他参加设计了英国议会大厦，著名的英国圣彼得教堂、海伯利教堂都是他设计的。

托马斯·阿罗姆以自己的风格，为英国开创了一种新的城市建筑样式，他创建了英国皇家建筑师协会，更以水彩画称誉世界。威廉·亚历山大是他就读的英国皇家艺术学院的前辈。

托马斯·阿罗姆并没有到过中国，但他借用和参照了包括威廉·亚历山大在内的访华画家的画稿，于1843年重新创作并

1. 2023年的秦淮河长干桥（黄欣摄影）

2. 托马斯·阿罗姆于1843年绘制的秦淮河长干桥（图来自《大清帝国城市印象》）

出版了展现中国世态风情的画册《大清帝国城市印象》。

该画册中有多幅关于南京大报恩寺琉璃塔及周边的风景画，其中有坐在秦淮河船上画的长干桥和琉璃塔，也有从琉璃塔上远眺后画的门西地区，这和现今外秦淮河风光带的景色相比没有太大变化。

很难想象，一个从没来过中国的英国画家居然能把秦淮河周边的地理风貌画得如此精确，可见当时"南京瓷塔"的魅力已经征服了世界。

大报恩寺琉璃塔在秦淮河边屹立了400多年后，于1856年毁于太平天国战争的炮火中。如今，明代永乐帝与宣德帝先后御制的大报恩寺碑尚存，在曾经的大报恩寺的遗址上，一座框架结构的玻璃塔矗立于上，夜幕降临，现代化的光电技术使塔身循环变换五彩琉璃色，大报恩寺琉璃塔已成为秦淮河边的新地标。

2017年12月，中央电视台《国家宝藏》第一季以现存完好的一个大报恩寺琉璃塔拱门来讲述这个曾经辉煌一时的国宝的

3. 托马斯·阿罗姆于1843年绘制的大报恩寺塔上俯瞰图（图来自《大清帝国城市印象》）

4. 2023年在大报恩寺塔上俯瞰门西地区（黄欣摄影）

大报恩寺塔琉璃拱门（连凯摄影）

前世今生。节目播出后，引起了极大的轰动，秦淮河边的"南京瓷塔"重新焕发风采，一下子又成了世人瞩目的焦点。

2023 年 6 月 10 日是中国第 18 个"文化和自然遗产日"，当天，南京市相关部门发布了大报恩寺琉璃塔的首个高清数字复原成果。结合大量史料记载，文史、考古、古建等专业领域的专家共同利用影视级 3D 建模渲染技术，首次 1:1 数字复原，再现明代"天下第一塔"的艺术原貌，大报恩寺琉璃塔在数字世界"完美重生"。

海国图志

在外秦淮河边的清凉山附近,有一条小街叫"龙蟠里",龙蟠里 20 号的古建筑院落有一个别致的名字——小卷阿("卷阿"出自《诗经·大雅》,泛指"蜿蜒的山冈"),这里是中国近代名人魏源的故居。

1842 年 8 月,清政府由于在中英鸦片战争中惨败,故与英国签订了中国近代史上第一个不平等条约——《南京条约》。

消息传到小卷阿,魏源悲愤填膺,切实感受到了西方的坚船利炮与"天朝上国"的闭塞形成了鲜明的对比。

魏源回忆起一年前的一个雨夜,禁烟名臣、好友林则徐因为虎门销烟触怒了英国人,被革职发配至新疆伊犁,途经镇江时,魏源从南京赶来相送。

两人在长江边彻夜长谈,林则徐虽遭贬职,但依然忧国忧民,他向魏源倾诉了自己对国家前途的担忧,并将自己翻译的《澳门月报》《四洲志》《粤东奏稿》等资料交给魏源,嘱托其编纂一部包含世界地理和历史知识的综合性图书,以期打开国人的眼界,从而唤醒国人。

此时正好过去一年,书稿尚未完成,魏源念及此,不禁加快了写作速度,终于在当年完成了书稿《海国图志》50卷本。在这本书里,魏源明确提出了核心思想"师夷长技以制夷",可就是这样一本振聋发聩的书,却难以唤醒腐朽的清政府和麻木的国民,在当时并未引起太大的反响。

《海国图志》在中华民族面临西方列强侵略的基础上,从总结历史经验的角度,为人们提供了反侵略的思想和方法,引起了一些有识之士的关注,尤其为清晚期的洋务运动提供了主要的思想武器。

1852年,曾国藩受命在湖南招募和训练乡团,用于镇压洪秀全发动的太平天国起义,冯桂芬和李鸿章先后成为曾国藩的幕僚。

在镇压太平天国起义的过程中,三人不约而同地意识到西式武器的优越性,认为中国要有自己的军备武器生产工厂,不能光依靠从国外购买武器,这样才能巩固国家政权。

国内有太平天国的战乱,国外英法联军又发动了第二次鸦片战争。面对内外交困的局面,冯桂芬在魏源"师夷长技以制夷"思想的促进下,撰写了《校邠庐抗议》一书,并将魏源的思想发展为"中体西用",提出一系列富国强兵的计划。受此影响,以曾国藩、李鸿章为代表的一批不甘民族衰亡的清政府官员也开始探索中国的自强之路。

一场以"习西法、兴洋帅"为口号,影响近代中国命运的洋务运动迅速开展起来。洋务运动的目标就是发展近代军事工业,引进西式蒸汽机来进行大规模西式武器弹药的生产。

1862年底,李鸿章在上海松江的一座寺庙里创立了"上海洋炮局",它初期规模非常小,只能算是军需供应紧急情况下设立的一个随军军械所,但这并不影响其在中国近代工业史上的里程碑式的地位。

1864 年 7 月,清军攻破了天京(今南京),长达十余年的战争终于平息,而此时的南京城已经是满目疮痍,遭到了毁灭式的破坏。

金陵制造局牌楼大门（晨光 1865 供图）

坐落于聚宝门(今中华门)外扫帚巷东边的西天寺以及大报恩寺在战火中也未能幸免,化为一片废墟。然而,这片瓦砾残垣却被人相中。

因镇压太平天国起义有功,由江苏巡抚升任两江总督的李鸿章觉得这块地方临近秦淮河,交通便利,地方又空旷,正是理想的军工厂的建厂之地。

很快,李鸿章将其在江苏巡抚任上一手操办的"苏州洋炮局"迁到了这里,1865 年 10 月 30 日,一个全新的"金陵机器制造局"(又称"金陵制造局")破土动工。因为负责建造金陵制造局的马格里是英国人,所以厂区式样及格局均参照了英国的工业建筑风格,厂房里的设备也都是从欧洲各国进口的。

1866 年 8 月,金陵制造局完工以后,李鸿章大力购买外国机器,招募外国工匠。

到了 1881 年,金陵制造局就已经具备了仿制加特林机枪的工人和技术水平,这足以说明晚清军工水平的发达。诞生于 1861 年的加特林机枪是一款手动型的多管旋转机关枪,也是世界上大规模实战使用的第一种机关枪。

金陵制造局在李鸿章的格外重视下,规模一再扩大:1870 年建立火箭分局,1872 年建立试造火药局, 1874 年制造出三尺喷筒,1877 年又增设水雷局,招募艺童,学习洋文洋语。

到 1878 年,金陵制造局已有机器厂 3 家,1884 年又建成洋火药局。经过不断发展,废墟上建立起来的金陵制造局很快成为中国四大兵工厂之一,虽然其规模没有上海的江南制造局大,但它生产的新式枪炮在产量和质量上均居当时全国首位。

金陵机器制造局在硬件和生产水平初具规模之后,便开始接收来自全国的军械订单,除了供应全国陆军和海岸防务的装备,它还为北洋、南洋两个水师生产枪炮。

1883 年,中法战争打响,金陵机器制造局加班加点,为前线的清军将士陆续输送火炮、手雷、枪械等武器。

1885 年 3 月,金陵制造局为冯子材的萃军提供了源源不断的军备支持,使其在镇南关取得大捷,而这场战争的胜利也提升了金陵制造局的地位。

金陵制造局创造了南京近代军事工业的早期辉煌,到了 1886 年,它生产的新式枪炮的产量和质量均为当时全国之首。至 1899 年,其已成为当时我国军火的主要生产基地之一,被誉为"中国民族军事工业摇篮"。

从 1842 年魏源携《海国图志》"睁眼看世界",到 1884 年金陵制造局仿制成功中国第一门后装线膛炮,古老的秦淮河被源源不断地注入创新发展的原动力。

1910 年,南京举办了中国第一个世界博览会——南洋劝业会。

南洋劝业会将一批跨学科、跨行业、跨时空、跨国家的创新内容集聚在六朝古都南京。一时间,南京不仅于国内,在国际上也熠熠生辉,声名远扬。

博览会的概念可以追溯至中世纪欧洲的市集,它最初以庄园间的物产交换为目的,而后演变为综合物品交易、节庆等的赛会。博物学、博物馆等兴起后,法国出现了以展示为目的的展览会。

1900 年,巴黎万国博览会上,美国人爱迪生展示了电灯供电系统,作为巴黎城市地标的埃菲尔铁塔、塞纳河上的亚历山大三世桥,也在博览会上展示。

1851 年,在英国伦敦水晶宫展览馆举办的首届世博会,展示了电报机、显微镜、手术器械等科学展品,极大地促进了科技的传播。

这些博览会不仅是展示当时世界各国最先进科学技术成果的盛会,更是面向公众的科普学堂,还是各行业人才聚首的场所。

曾在南洋劝业会从事组织工作的向瑞琨总结,城市因举办博览会而发展。芝加哥在举办世界哥伦布博览会后,道路四通八达,人口增至 60 万;圣路易斯因举办世界博览会,供水、交通等现代设施得到极大的发展。

南洋劝业会之所以在南京举办，一是因为南京为两江总督府所在地，交通便捷、物产丰富；二是因为南京有多条铁路，以及享有完整主权的通商口岸，这些因素都为南京成为主办地增添了有力的砝码。

南洋劝业会具备了近代博览会的基本元素：展示、论坛、娱乐，借鉴了美国万国博览会、比利时博览会、意大利米兰博览会，成功吸引了全国 22 个省和 14 个国家及地区参加展览并设馆。

当时的展品约达百万件，南洋劝业会虽然冠名"南洋"，但实际展品并不限于南洋地区，它不仅有当时全国几乎所有省份的展品，还有英、美、德、日等国的海外展品。劝业会用"劝业"一词，而不用"博览"，也是为了发展我国实业，振兴我国工业。

南洋劝业会是中国近代化的一个里程碑，"劝工、劝业"是南洋劝业会的核心要义。在 1910 年之前，不少展品就在全国各地的物产会、劝业会等赛会展出。

到了南洋劝业会上，百万展品被分为 24 部、440 类，分别展出在主题馆、地区馆、企业馆等几十个展馆中，最终还评选出 5000 多件获奖展品。

南洋劝业会的展馆、展示和评奖分类体系都与近代世博会接轨，获奖展品如启新的水泥、大冶的铁器、上海的棉丝等都切实体现了当时民族工业的发展。

南洋劝业会不仅有展品展览，还有展品研究。会场中设有公议厅，可开展公共研讨或进行演讲，相当于现代的论坛。

南洋劝业会由李瑞清任会长、张謇任总干事，并成立了劝业会研究会，其还通过考察展品、研究物产改进的方法，结集出版了《南洋劝业会研究会报告书》。在劝业会上,张謇提出了著名的"棉铁政策",提倡振兴实业,要从至柔(棉)至刚(铁)两物质共同着力。

在南京举办的南洋劝业会成为展现中国敞开国门、国人开放意识强化的一个窗口。劝业会期间,在上海总商会的安排下,50多位美国商人专程来华参会。

1910年9月,鲁迅先生任绍兴府中学堂监学兼博物教员,他建议把当年学校的秋游活动改为赴南京参观南洋劝业会,让学生开阔视野,增长知识,这一建议得到了学校师生的大力支持。学校规定每人交10块银洋,不足之数由学校补贴。当时,绍兴府中学堂有32名教职工、220名学生,除极少数人,有200多人赴南京参观。

茅盾在湖州中学上学时,曾来南京参观南洋劝业会,受到很大启发。1934年,叶圣陶在《中学生》杂志上发表的文章中提到,他在苏州草桥中学读书时,去参观过南洋劝业会。

徐悲鸿、刘海粟、骆憬甫、史量才、郑逸梅、颜文梁等中国近代史上熠熠生辉的名人也参观过南洋劝业会,纷纷感叹"一日观会,胜于十年就学"。

虽然南洋劝业会落幕不久后辛亥革命爆发,影响了当时中国产业、教育等政策的延续性,但南洋劝业会"开通民智""引领风气"的先导作用在南京城市文化脉络中留下了重要印迹,更使当时追求近代文明的中国人大开眼界。

南洋劝业会举办的1910年,中国第一家官办电厂——金陵电灯官厂建立,其点亮了南京的第一盏电灯,也开启了大唐发电厂的百年历史。

南洋劝业会开幕式场景（图来自南京出版社《南京历史文化干部读物》）

南洋劝业会落幕后的 10 年间，龙潭中国水泥厂等民族工业的代表也日渐兴盛。南洋劝业会与当时两江优级师范学堂的图画手工科产生诸多关联，1915 年，南京高等师范专科学校在两江优级师范学堂的基础上办学，并增加了工艺专修科、农业专修科，这为南京工科的教育奠定了良好的基础。

南洋劝业会成为近代中国博览会的开端，它也对南京城市建设、公共空间、大众娱乐等方面产生了巨大的影响。

南洋劝业会在当时南京城北的丁家桥、三牌楼一带（今南京工业大学校区）举办，今天的玄武门、新模范马路（时称"劝业路"）、"小火车"（1958 年才被拆除，历称"宁省铁路""江宁铁路""京市铁路"），都与南洋劝业会的举办密切相关。

这期间，环会场铁道、跑马场、动物园、照相室相继建成，音乐会、焰火秀等活动精彩纷呈，全国首次运动会也成功举办，这大大拓展了城市的公共生活空间。

在世界知识产权组织发布的《2021 年全球创新指数报告》中，南京是位居中国第四的全球"最佳科技集群"，仅次于深圳—香港—广州、北京和上海—苏州。

　　魏源的思想从未远离,已经载入历史教材,被一代代中国学子铭记。金陵制造局的旧址如今已经成为国家重要的工业遗产,南洋劝业会所启迪的中国制造的创新精神至今仍是大国工匠们孜孜以求的动力。

1908 年 开 辟 的 "丰润门" 1928 年更名为"玄武门"(顾树荣摄影)

奥运之城

1984 年 7 月 28 日，第 23 届奥林匹克运动会在美国洛杉矶市隆重开幕。这是 1979 年 10 月 25 日国际奥委会宣布恢复中国在国际奥委会中的合法席位后，中国首次派体育代表团参加奥运会。

用"神仙打架"来评价中国代表团在这届奥运会上的表现都不觉过分。许海峰夺得射击冠军，实现中国奥运会金牌"零"的突破；"体操王子"李宁一人勇夺 3 枚金牌、2 枚银牌和 1 枚铜牌，一时震惊了全世界；中国女排获得团体冠军，实现了三连冠。这一届奥运会上，中国一举夺得 15 枚金牌、8 枚银牌及 9 枚铜牌，一共 32 枚奖牌，位列奖牌榜第四，从此中国的体育事业翻开了新的篇章。

在 1984 年奥运会之前，欧洲队伍几乎占据了击剑运动的主场，尤其是在 1984 年洛杉矶奥运会中，欧洲各国一路领先，8 枚金牌，拿下了 7 枚。剩下 1 枚金牌究竟花落谁家，成为一个大大的悬念。

1984 年 8 月 3 日，在女子花剑比赛中，中国选手栾菊杰惊艳亮相，与德国世界名将哈尼施对决。经过激烈的对决，栾菊杰以

8:3 的悬殊比分击败对手，斩获女子花剑冠军。栾菊杰为中国赢得了首枚奥运会击剑金牌，也

栾菊杰在双塘小学指导击剑（南京市双塘小学供图）

为亚洲赢得了第一枚奥运会击剑金牌。

半年前，在德国格平根第 23 届世界杯击剑比赛中，栾菊杰就已经获得了世界冠军，一举结束了欧美剑客长期独霸的局面，也为自己打开了一条通向世界高峰的路，这个来自中国的女剑客成为世界瞩目的焦点。

栾菊杰，1958 年 9 月 14 日出生于南京市秦淮河边的门西双乐园，曾就读于南京市双塘小学和第十九中学，1973 年进入南京业余体校。

刚进体校时，栾菊杰是练习羽毛球的，一个偶然的机会，她接触到了击剑运动，从此便爱上了击剑，1975 年被选入江苏队，主攻女子击剑。

栾菊杰是一位地地道道的南京姑娘，秦淮河水滋养了她坚韧而又刚毅的性格，她曾在 1978 年西班牙马德里第 29 届世界青年锦标赛击剑比赛的半决赛上，被对手的断剑刺伤了左臂。

栾菊杰忍住疼痛，勇猛地冲杀，技术发挥稳定，终于以 5:4 的比分战胜了对手，进入决赛。接着，她又带伤连战四场，最终荣获击剑比赛的亚军。

栾菊杰是南京历史上第一位获得奥运会金牌的运动员，开

创了一个运动时代的辉煌。中国体育运动会的发端也是从南京起步的。

1910年,在南京南洋劝业会举办期间,美籍传教士爱克斯纳为在中国推广体育运动,倡议在会展期间组织一次全国性的体育赛事。

当时,清政府认为这有助于壮大南洋劝业会的声势,便欣然同意。因为参加者为学校,这次运动会又被称为"全国学校区分队第一次体育同盟会",简称"全国学界运动会"。

1910年10月18日至22日,由于筹备时间短,这次运动会仅有140人参加,比赛地点为临时整理出来的一块空地,就在南洋劝业会会场的北面,没有看台。

140名运动员穿着青、红、紫、蓝、黄五色,分别代表华北、上海、华南、吴宁(苏州、南京)、武汉五区。参加的学校有上海圣约翰大学、南洋大学、天津青年会日校、武昌文华大学、天津工业学校和协和文书院等。

这届运动会的裁判员都是外国人,唯一的中国人张伯苓担任裁判长。

竞赛项目包括田径、足球、篮球、网球四大项。运动员清一色为男性,着装都是长衫长裤,脚上以千层底的布鞋为主。最终,上海区获高等组总分第一,华北区获中等组总分第一,上海圣约翰大学获学校组总分第一。

著名体育教育家徐绍武观看过1910年的第一届全国运动会,他回忆:"1910年我刚8岁,随父母由湖北黄梅来南京观此盛会。劝业会场设有动物园和一个规模较大的运动场。中国第一届全运会就是在这个运动场召开的。运动项目有短跑、中长跑、长跑、跳高、跳远、铅球、铁饼等,距离均以码计算。马拉松也列入项目之中,由镇江跑到南京,距离约 90 千米,该项冠军为胡文华夺得。"

徐绍武也回忆:"我有机会观看了一场东吴大学对金陵大学的足球比赛,观众约有一两千人,两队各穿不同色的布球衣,无号码,穿方头皮鞋,头上盘着辫子,裁判由英国人担任。"

上海市文献委员会藏书室保管的英文刊物 1910 年 11 月号《上海社会和中国的其他领域》里记载了首届全运会的全国足球赛,在最后一次比赛中,华南队击败了上海队,获得了中国体育史上第一个全国足球比赛冠军。

在 1984 年洛杉矶奥运会比赛的前一年,时任国际奥委会行政主任的贝丽乌夫人在她主编的刊物《奥林匹克评论》上发表了《中国和奥林匹克运动》一文,文中提及了一段历史:20 世纪 20 年代,国际奥委会接纳中国奥委会为会员,而成为国际奥委会成员的中国全国性体育组织——中华全国体育协进会成立于 1910 年 10 月 18 日。这个中国早期的体育组织正是诞生于南京。

南京一直与奥运会情深缘重,在 1910 年第一届全运会举办前的 3 个月,《申报》上刊登了一则标题为《中国运动大会之先声》的新闻。

结合首届全运会将在南京举办,该文连续提出了三个问题:"试问中国何时能派代表赴万国运动大会? 何时能于万国运动大会时独得锦标? 又何时能使万国运动大会举行于中土?"这里提到的"万国运动大会"就是当时中国人对于奥运会的称呼。

晚清以来,随着现代体育项目传入中国,有识之士逐渐认识到体育对于强健国民体魄、振奋民族精神的意义，从而有了融入国际奥林匹克事业的梦想。首届全运会正是中国体育人士共筑奥运梦想的一个契机，就是为了中国人更高的目标——参与奥运会而举办的。

《北京2008年奥运会国际体育传播手册》中有这样的记载："1910年10月18日到22日，为争取早日参加奥运会和在中国举办奥运会，第一届中国全国运动会在南京举行。"

1924年5月，第三届全运会在武昌举行，我国的体育代表们倡议成立自己的全国体育组织，并推选出8名委员进行筹备。

1924年7月4日和5日，各省代表60多人在东南大学化学教室两次召开会议，讨论全国体育组织成立事宜。5日傍晚，会议主席张伯苓在会场宣布中华全国体育协进会正式成立。

诞生在南京的中华全国体育协进会实际上就是中国最早的国家奥委会组织。成立当年，它就发布了《中华全国体育协进会对于国内外体育工作之范围》，明确将"选择中华代表参加世界运动会（当时中国对奥运会的称呼）"列入自己的职责范围，开始

奥运之城（顾树荣摄影）

承担起中国参与国际奥林匹克事业的工作。

第一次世界大战之后,国际奥委会第一份公报里明确记载,中华全国体育协进会为中国奥委会。

2014 年 5 月 7 日,"中华全国体育协进会成立大会旧址"纪念碑在东南大学金陵院西畔草坪落成,其成为中国百年奥运之梦从南京开始的一份独特纪念。

1930 年 5 月,"国民政府"决定在南京兴建一座大型的中央体育场,用以举办第五届全国运动会。中央体育场由田径场、国术场、篮球场、棒球场、跑马场、足球场、网球场、排球场等场地组成,全部场地均建有看台。

南京中央体育场旧址(顾树荣摄影)

田径场位于整个体育场的中心,场内设有一条 500 米的跑道和两条 200 米的直道。田径场内设有一个标准足球场,南北端设有网球、排球和篮球等场地。全部看台可容纳观众 35000 多人,是当时全国最大的田径运动场。

在这一次的运动会上,中国奥运第一人刘长春以 10.7 秒和

22秒的成绩创造了100米和200米两项全国最高纪录。

南京中央体育场的游泳池内，被誉为"美人鱼"的游泳天才少女，15岁的中国香港选手杨秀琼，更是一举囊括了女子游泳赛事的全部金牌，这成为轰动一时的体育新闻，也成为南京体育发展史上的一段佳话。

2007年，在时任国际奥委会主席罗格的倡议下，国际奥委会决定专门为14—18岁的青少年举办一场综合运动会，称为"青年奥林匹克运动会"，简称"青奥会"。

青奥会每4年举办一次，是仅次于奥运会的大型国际型综合赛事，比赛项目大部分与奥运会相同，也分夏季和冬季比赛，相当于一个青春版的奥运会。

2010年2月11日，国际奥委会在加拿大温哥华召开第122次全会，投票选出中国南京作为2014年第2届青奥会的承办城市。

这是中国继2008年北京奥运会之后的又一个重大奥运赛

南京奥体中心（刘贯通摄影）

事,它是中国首次举办的青奥会,也是中国第二次举办的奥运盛事。

2014 年 8 月,六朝古都南京陆续迎来了 204 个国家和地区的 3787 名运动员,这个曾经的体育运动名城又一次向世人展示了它的青春活力。

栾菊杰当年退役后,因为要为女儿治病,所以她来到加拿大埃德蒙顿击剑俱乐部任全职教练。她曾在 50

南京市双塘小学击剑队正在训练(南京市双塘小学供图)

岁时自费参加 2008 年北京奥运会的比赛,首轮晋级赛现场,面对看台上众多的同胞观众,她从包中拿出一条横幅,上面"祖国好"三个大字格外醒目。

虽然栾菊杰止步于击剑项目 16 强的晋级赛中,可她却表示,能在祖国的赛场上取得一场胜利,个人目标已经实现。

2014 年 8 月,栾菊杰带着她任职的击剑俱乐部的 16 名加拿大青少年运动员来到了南京,再一次力挺在家乡举办的体育赛事。

她回到了母校南京市双塘小学,在她的指导和帮助下,学校的小运动员多次在南京市体育运动会上获得好成绩,南京市双塘小学已经成为远近闻名的击剑特色学校。

拥有良好体育氛围的南京一向是国内外大型体育赛事比较青睐的举办地,1988 年全国大学生运动会、1995 年全国城市运动会、2005 年全国运动会、2013 年亚洲青年运动会都是在南京

第二届夏季青年奥林匹克运动会环境保障与应急指挥中心

感谢信

省秦淮河水利工程管理处：

第二届夏季青年奥林匹克运动会于2014年8月28日在我市圆满落下帷幕。本次赛会得到了国际社会的广泛肯定，被国际奥委会主席巴赫先生誉为"完美无缺的青奥会"。南京青奥会的巨大成功、"绿色青奥"奋斗目标的最终实现，贵处做出了重要贡献！

南京青奥会是我国继北京奥运会、广州亚运会后承办的又一项大型国际性综合赛事，赛会规模大、影响广，环境保障工作成重、任务重，环境保障与应急指挥中心各成员单位紧密协作、凝心聚力、顽强拼搏，为我市整体环境质量达到国际赛事要求，青奥环境保障工作达到既定目标，奠定了坚实基础。尤其是贵处在自身工作繁重的情况下，全力支持青奥环境保障工作，为保证赛会期间秦淮新河及外秦淮河引水调度工作有序通畅，南京市主城区主要水体全部达标，做出了积极贡献！

值此，向省秦淮河水利工程管理处表示衷心的感谢和崇高的敬意！

第二届夏季青年奥林匹克运动会
环境保障与应急指挥中心
二〇一四年九月

青奥会给秦淮河水利工作者发来的感谢信

举办的，这些大型比赛使得南京更加受到世人的瞩目。2014年青奥会的成功举办又开创了南京体育史上的一次新辉煌。

南京青奥会不仅与"相互理解、友谊长久、团结一致和公平竞争"的奥运精神做到了贯通融合，还让各国运动员感受到了古都南京卓越的承办能力以及无限的城市魅力。

青奥组委会在一些细节上感动了很多人，赛事结束之后，他们向很多在运动会背后默默付出的各行各业发出了感谢信。

青奥会后，南京作为奥运之都，重大国际赛事进入密集期。2016年世界速度轮滑锦标赛、2017世界Byte帆船大奖赛、2017世界轮滑全项目锦标赛、2019国际田联世界挑战赛南京站等赛事接连不断，南京赢得了全球唯一的"世界轮滑之都"称号。

2018年世界羽毛球锦标赛现场，2万人在为中国羽毛球国手林丹齐声助威；"字母哥"领衔的27名NBA球星在2019国际篮联篮球世界杯南京赛区同场竞技；2020年元旦，亚洲飞人苏炳添和南京市民一起在青奥体育公园驰骋冲刺，共同迎接新年的到来。

2022年，南京成功举办了中国田径街头巡回赛（南京站）、中国街舞联赛（南京站）、全国山地自行车锦标赛等国家级比赛25项次，并成功举办花样游泳、高尔夫、滑板和帆船等4项省级运动赛事。2023年，3000多项各类群众赛事和72项省级以上专

业精品赛事还在持续推进中。

2018 年，在权威体育数据机构 SPORTCAL 发布的"全球体育影响力 100 强城市排行榜"中，南京一度超越上海，仅次于北京，位列全球第 10 位。

体育精神提高了人民的幸福感，体育赛事丰富了城市的文化内涵，体育架起了一座促进南京繁荣与发展的五彩桥梁。

世界文都

2019 年 10 月 31 日第六个"世界城市日",联合国教科文组织正式宣布,批准 66 个城市加入联合国教科文组织"创意城市网络"。其中,南京被列入"世界文学之都"。

"创意城市网络"下设七大门类,分别是文学、电影、音乐、手工艺与民间艺术、设计、媒体艺术和美食。

在此之前,中国已有 12 个城市加入"创意城市网络",它们分别是 4 个"世界设计之都"(北京、上海、深圳、武汉),3 个"世界手工艺与民间艺术之都"(杭州、景德镇、苏州),2 个"世界美食之都"(顺德、成都),1 个"世界媒体艺术之都"(长沙),1 个"世界电影之都"(青岛),1 个"世界音乐之都"(哈尔滨)。"世界文学之都"一项是空缺的。

当时,全世界已有 180 个城市成为"创意城市网络"成员,其中包括 28 个"世界文学之都"。 早在 2013 年,南京就与联合国教科文组织签署了协议,就世界多元文化交流、城市文化遗产保护与传承等领域开展战略合作。

2019 年,南京申报成功,成为第 29 个"世界文学之都",也是中国唯一一个"世界文学之都"。

　　南京被誉为"天下文枢",自古文脉昌盛,而南京的母亲河秦淮河更是被称为"中国第一历史文化名河",无论是南京的城市体量、城市定位,还是南京在中国文学史上的地位及其所取得的成就,足以支撑南京代表中国申报"世界文学之都",这是实至名归的应势之举。

　　南京在中国文学史上的成就可谓恒河沙数,如何用简练又精准的文字来传达南京文学的精髓,且又能被国际理解和认同,这实在是个挑战。经过各方专家无数次的提炼和修改,最终形成一份300多字的"申都"报告:"南京是一座文学之城。南京1800年文学传统在城市发展中扮演着重要角色。中国历史上第一个文学院('文学馆')、第一篇文学理论文章(《文赋》)、第一部儿童启蒙读物(《千字文》)等都是在南京诞生的。伟大的古典名著《红楼梦》多以作者曹雪芹在南京的生活经历为素材。南京是一座阅读与创作之城。1907年成立的南京图书馆已经在一个多世纪中为城市读者服务。崇尚文学、酷爱读书是南京人最为鲜明的精神气质,南京是创作的温床,作家的天堂。在中国数千年文学史上,有超过一万部文学作品产生于南京或与南京有关,其中包括诺贝尔文学奖得主美国女作家赛珍珠的获奖作品。南京是一座传播之城,一直以来在为中外文学交流推波助澜。五个世纪前,南京是中国重要的出版中心,率先将中国的文史典籍'四书五经'翻译到欧洲。"

　　意犹未尽的300多字内容讲述了南京千年的文脉传承,南京得天独厚的历史积淀及文化创意资源使之成为"世界文学之都"只是时间的问题,因为南京本身就是一座为文学而生的城市。

　　在南京入选"世界文学之都"后,中国联合国教科文组织全国委员会给出了这样的评语:南京申报"世界文学之都",不仅是政府主导,更是全员参与,把各方的力量发动起来,这为以后建设"世界文学之都"打下特别好的基础。

"世界文学之都"称号花落南京,也与这座城市虎踞龙盘的山川形胜、十朝都会的沧桑历史、人文荟萃的创作群体、名作迭出的昌盛文脉,以及崇文尚读的优良传统密不可分。

据不完全统计,全世界有 60 多种外国文学作品在南京被翻译成中文;中国文学史上,与南京有关的作品有 1 万多部,南京留下了众多的文化典籍。

元嘉十五年(438 年),南朝宋文帝在京师(今江苏南京)开设四学馆,命雷次宗主持"儒学馆",何承天主持"史学馆",何尚之主持"玄学馆";命司徒参军谢元在建康鸡笼山下建立中国首个"文学馆"。四馆分科教学、研究,属于国家的大学,为中国古代设置专科学校的先例。

当时,中国有名的文学家、史学家、哲学家常聚于文学馆,著书立说,讲学授徒,这里是当时中国学术文化的中心。中国现存最早的文学论著《文心雕龙》和中国现存最早的诗文选集《昭明文选》皆诞生于此。

在秦淮河畔中国科举博物馆"江南贡院"牌坊两侧的古代科举考试号舍展区的粉墙上,依次写着"天地玄黄,宇宙洪荒"等汉字,每一排号舍的首间的墙上都标记着一个汉字,这是以《千字文》里的文字来排序的一种方式,不仅一目了然,不易混淆,还显示了江南贡院宏大的号舍规模。

《千字文》被公认为是世界教育史上现存最早、使用时间最长、影响最大的识字课本,它比宋代编写的《三字经》和《百家

江南贡院千字文
号舍（中国科举
博物馆供图）

姓》成书时间还要早几百年,成为中国封建社会启蒙教育的入门
教材。

明代学者吕坤在谈到启蒙教育时说:"初入社学,八岁以下
者,先读《三字经》,以习见闻;读《百家姓》,以便日用;读《千字
文》,以明义理。"在众多的古代启蒙读物中,《千字文》无疑是影
响力最大的,而它最初就是诞生于南京的。

502年,萧衍建立梁朝,一代才子周兴嗣认为展示自己才华
的机会来了,立即上奏《休平赋》。《休平赋》辞藻华美,对仗工
整,平仄押韵,宛若天成。梁武帝读后颇为赞赏,授予他安成王
国侍郎,让他在都城建康的华林省工作。

梁武帝一生喜爱文学,年轻时多才多艺,学识广博,在执政
的48年中,他经常亲自登台授课。当时流行的一些典籍,如《尚
书》《春秋》《左传》《诗经》《史记》《汉书》《三国志》等,对于
初学者来说深奥难懂,让人望而生畏,梁武帝深知读书的重要
性,决定编写一本启蒙读物。

梁武帝令文学侍从殷铁石从东晋大书法家王羲之的手迹中
拓下1000个不同的字,并让周兴嗣用这1000个字编成通俗易
懂的启蒙读物。

最终,周兴嗣将这1000字联缀成一篇内涵丰富的四言韵

书——《千字文》。相传,周兴嗣因用脑过度,一夜之间须发尽白。

《千字文》问世后,很快传入新罗、百济和日本,随后便出现了注释本、续编本和改写本。

《千字文》还被中国历代书法名家所珍视。从王羲之第七代孙智永高僧书写《真草千字文》800 册开始,欧阳询、虞世南、褚遂良、张旭、怀素、苏轼、赵孟頫等历代书法家均有不同书体的《千字文》作品传世。

2006 年 2 月,由百万读者参与的"南京城市名片"评选活动结果正式揭晓,其中,"江南佳丽地,金陵帝王州"入选提名名片。这张名片的作者力压了以金陵怀古诗而出名的诗人李白、刘禹锡、杜牧、韦庄、王安石等,他就是南朝齐诗人谢朓。

谢朓这首《入朝曲》的首句"江南佳丽地,金陵帝王州",描绘了南京的山川风貌与历史变迁。江南风景秀丽,物产丰饶;金陵历史悠久,四朝建都,散发着王者之气。

刘宋大明八年(464 年),谢朓出生于京师建康。他与族叔谢灵运并称"大小谢",谢灵运是中国山水诗的开山鼻祖。中国文学史上一直有"王家书法谢家诗"的说法,谢朓的诗风深受谢灵运的影响,但又开创了属于自己的诗风。

谢朓长于五言诗,多描写自然景物,语出自然,然含蓄隽永,状物传神,善于捕捉自然景色中最为动人的瞬间,诗风清逸秀丽,摇曳从容。《入朝曲》就是其佳作的代表,开拓了山水诗的另一种境界。

唐代诗人李白一生诗作甚多,现存直接提到谢朓的诗有 12 首,如《秋登宣城谢朓北楼》《秋夜板桥浦泛月独酌怀谢朓》《玉阶怨》等,可见其对谢朓的欣赏。

盛唐诗人王维、杜甫等也深受谢朓诗歌的影响，谢朓的新体诗对唐代律诗、绝句的形成也有一定的影响，这一切都充分说明谢朓在中国诗歌艺术的发展史上有着特殊的贡献。

继 2015 年成功举办米兰世博会"南京周"活动后，南京市政府决定每年选择一个世界知名城市举办"南京周"系列活动。2016 年是英国戏剧巨匠莎士比亚及东方戏曲大师汤显祖逝世 400 周年，2016 年伦敦设计节"南京周"特别筹备了"汤莎会"主题系列活动。

由东西方艺术家联袂演绎的中国昆曲与英国戏剧跨时空结合的艺术实验剧《邯郸梦》，以穿越时空的方式纪念汤莎两位大师，引起了国际戏剧界的广泛关注。

明朝万历十二年（1584 年），汤显祖任南京太常寺博士。汤显祖前后在南京生活了将近 10 年，结交了很多戏曲界的朋友，他一面以诗文、词曲会友，一面研究文学创作。他在南京期间完成了《临川四梦》的第一梦《紫钗记》，由此踏上了名传千古的戏曲创作之路。

汤显祖最负盛名的《牡丹亭》也是在南京酝酿的，虽然它最终成书不是在南京，却在完稿后，被汤显祖寄回了南京，由朋友帮忙在南京完成了首次公演。

从此，《牡丹亭》一炮而红，蜚声海内，盛演不衰。

明代小说家吴承恩创作的《西游记》也与南京有着密切的关系，该书的最早和最佳刊本即万历二十年（1592 年）金陵世德堂刊《新刻出像官板大字西游记》。

《西游记》一经问世，就成为家喻户晓的也是最接地气的一部小说。根据《西游记》改编衍生出的戏剧、动画、电影、

南京九华山三藏塔(顾树荣摄影)

电视等作品不计其数，深受世界人民的喜爱和关注。

《西游记》里有大量的南京元素，其中南京方言、南京城墙、南京美食都出现在书的情节中。书中唐三藏的原型玄奘法师，他的顶骨舍利至今仍安放在南京的灵谷寺内。

吴承恩一生曾经多次来到南京，早期吴承恩来南京都是为了参加乡试会考，可惜连续3次都名落孙山。嘉靖二十八年(1549年)，年近半百的吴承恩以"岁贡"的身份来到南京的国子监读书，在南京过了10年太学生的生活。

南京的国子监原是明代初年的太学，其地址就在今鸡笼山下曾经的文学馆一带。明太祖朱元璋在南京建都后，循前朝旧制，于洪武十四年(1381年)兴建国子监，并将它作为国家的最高学府，俗称"太学"。

今天南京成贤街这一带是明代国子监的大致位置，今东南大学四牌楼校区便是当年国子监的主要位置，四牌楼就是当时国子监的南门。据史料记载，国子监的学生最多时有近万人，还有十余个外国留学生。

南京图书馆藏《永乐大典》残页（黄欣摄影）

国子监内的建筑极为宏伟，藏书楼约14间，学生住宿用的号舍1000多间，外国留学生使用的"王子书房"和光哲堂100多间，教师住宅数十间。

我国古代最大的一部百科全书《永乐大典》就是在国子监编抄成书的。这部大型类书连同目录共计22937卷，分装11095册，总字数达3.7亿。明朝永乐年间，明成祖迁都北京时，在北京新建国子监，称"北监"，位于南京的国子监则改称"南监"。

1932年，美国作家赛珍珠凭借其小说《大地》(*The Good Earth*)获得普利策小说奖，后在1938年获得诺贝尔文学奖，也是同时获得普利策小说奖和诺贝尔文学奖的唯一一位女作家。

赛珍珠原名珀尔·西登斯特里克·布克，出生在美国的弗吉尼亚州，她仅4个月大时，就跟随传教士父母来到中国的清江浦（今江苏淮安），后又移居镇江。赛珍珠在中国长大，并且接受了中国的教育，她深受传统文化的熏陶。

在赛珍珠81年的人生岁月里，她有近40年生活在中国，其足迹遍布淮安、镇江、上海、宿州、南京等地，而南京就是她人生旅途中最重要的一个驿站。1921年秋，赛珍珠与丈夫布克迁居南京，住进了鼓楼平仓巷的一个独院别墅中。赛珍珠成了金陵大学外语系的教员，同时又在东南大学外语系兼课。

赛珍珠长期生活在中国，并且经常与丈夫布克一起去中国北方农村进行调研考察，广泛接触到中国的底层民众，对中国了解颇深。

在南京任教期间,她开始创作反映中国社会生活的小说。赛珍珠先是撰写了自己的处女作《放逐》,并先后创作了《异邦客》《东风·西风》,她的成名作《大地》也是在这一期间完成的。

赛珍珠运用白描的手法,塑造了一系列勤劳朴实的中国农民形象,并以饱蘸同情心的笔墨描写了农民灵魂的几个侧面,这部以中国农村为题材的小说给世界人民留下了深刻而又难忘的印象。1931—1932年,《大地》成为美国最畅销的书,并被60多个国家翻译出版。

在南京,赛珍珠还将中国古典四大名著之一的《水浒传》翻译成英文出版。赛珍珠选择了70回本的《水浒传》进行翻译,因为她觉得这一版本最好。

耗时5年之久,英文版《水浒传》即将出版,可是书名的翻译却让她颇费脑筋,她先后试用了很多书名都不满意,最终,《论语》中的"四海之内,皆兄弟也"给了她灵感。于是,她便以"*All Man Are Brothers*"(《四海之内皆兄弟》)为名,这也是《水浒传》的第一个英文全译本。

从"天下文枢"到"世界文学之都",一脉秦淮水流淌了半部南京史,南京城也正是依托秦淮河而发展壮大起来的。深沉而又隽雅的秦淮水滋养了古都的文化气质,也启迪了一代代南京人的文思才情,还托起了整个城市的底色与灵魂。

后　记

1998年夏天，长江流域发生特大洪灾。当时，我和同事们两人编成一组，每小时去秦淮新河入江口的河堤巡查一遍，我们的主要任务就是排查大堤有无管涌和渗水的情况。那时，秦淮新河闸管理所的会议室里，所有会议桌拼成一张"大炕"，大伙儿吃住基本上都在会议室里，随时待命。

印象最深的一次是一天夜里下大暴雨，正好轮到我和同事夏正创值夜班，我们两人摸黑在河堤的小树林里艰难前行，就算穿了雨衣、雨靴，也几乎等于没穿，浑身都湿透了。

那段时间，我几乎没有睡过一个好觉，但是在伟大抗洪精神和水利人使命感的鼓舞下，日子过得倍儿有精神。

在社交场合，我时常会说自己是个管理秦淮河的，虽然这个说法有点片面，其实却透露出一种文化自信。秦淮河对我来说，有着一生命运的交织和血浓于水的亲情。

2015年，在单位的一次"党员大家讲"活动中，我作了题为"大美秦淮"的演讲，把秦淮河的"流域之美""文学之美""音韵之美""书画之美""佳丽之美"等分别梳理成一个个小单元，没想到在同事间引起了强烈的反响。之后，单位的各种群名以及志愿服务队名都以"大美秦淮"来命名。

在一次偶然的机会中，我和南京市秦淮区教育局开始了小学生水情教育志愿服务的合作。我和"大美秦淮"青年志愿者们先后走进南京市武定新村小学、南京市夫子庙小学，开始做水情教育宣传活动，最早是以一个班级为单位，利用班会的时间开课。

2017年3月，我们在南京市五老村小学成立了南京首个小学生水情教育基地，并为秦淮区的小学生们颁发了"秦淮河小卫士"证书，这也是秦淮河水情教育的升级版，越来越多的学校开始关注水情教育。

2018年3月，我们走进南京市瑞金路小学，开展了"欸乃一声山水绿"的水情教育活动；2019年3月，我们与南京市考棚小学共同开展"江苏省中小学生节水大使"活动；当年6月，国家节水办特地到南京来调研中小学生节水宣传活动。

世人一提到秦淮河，就会想到十里秦淮，更有人会觉得秦淮河就等同于夫子庙。事实是，秦淮河跨越两个城市，是"中国第一历史文化名河"，也是一条具有国际化视野的世界名河。

正因为我和中小学校的接触和交流多了起来，越来越发现南京的母亲河秦淮河亟待更好地去宣传、去挖掘她的人文底蕴。秦淮河水情教育应该从娃娃抓起，从学校灌输，从这个方面来讲，秦淮水利人更是责无旁贷。

2021年5月14日，南京市秦淮区教育局与江苏省秦淮河水利工程管理处共同签署《水情教育合作协议》，开启了深度探索、共同开创水情教育的全新合作模式，这又更进一步推动了秦淮河水文化、秦淮河水利工程与秦淮区中小学教育系统的融合，在中小学生的心中播下了"保护生态环境、保护水资源"的种子，形成知水、节水、护水、亲水的社会新风尚。

2021年6月，我申报的作品《我爱秦淮河——中小学生水情教育实境课堂》在第七届"紫金奖"文化创意设计大赛的博物馆创意环节中获得铜奖。

2022年3月，原计划要举办的"世界水日""中国水周"活动因新冠疫情而暂停，学生们都在家进行线上学习。

"世界水日"的前两天，正居家办公的我突然接到秦淮区教育局庄芸局长的电话，她想让我给秦淮区的中小学生上一节线上的水情教育课,讲一讲秦淮河。面对这样一位有情怀的教育局局长的邀请,我只有全力支持。时间紧迫,我抓紧时间联系各方,分头准备网课录制的相关事宜。

3月22日"世界水日"当天上午,微信公众号"秦淮教育发布"的曾文莲老师还在与我就讲课视频中的各种细节进行反复的核对,力争做到零瑕疵。

"秦淮E学堂"水情教育网课一经播出,师生和家长们就好评如潮,后台留言无数。当天傍晚,微信公众号"南京教育发布"也随即推送了《今天,跟秦淮的孩子一起接受水情教育》一文。

线上的水情教育课一下子在南京市的学生群体中引起了热烈反响。令人感动的是,不少学生还给我寄来了关于秦淮河的绘画、书法作品,用他们手上的笔来描绘对母亲河的爱。

我与江苏凤凰教育出版社结缘是在一次新书发布会上。2022年9月,中国戏剧梅花奖二度梅获得者王芳老师的个人传记《一曲满庭芳》的首发式在凤凰云书坊举办,王芳老师请我作为她的特邀嘉宾,向读者分享昆曲的故事。

在活动现场,我认识了江苏凤凰教育出版社的李明非老师。当他得知我的主业是水利工作,尤其是秦淮河的水利工作之后,就有了这本《古韵新声话秦淮》的开始。

我不是一个专业的写手,也没有太多的文字技巧,平时最多就是写一些工作上的宣传通稿,可我却有一种特别的冲动,想好好地写一写秦淮河。我都不知道自己当初哪来那么大的勇气,就接下了写秦淮河这个重任。

1988年暑假,在苏州读初一的我转学到了南京,此后在秦淮河边学习、工作、成家、养娃,秦淮河也见证了我生命中每一天的喜怒哀乐。

写这本书时,我几乎倾注了对秦淮河全部的爱,可越写越发现,我对于秦淮河还是知之甚少,所以周围的同事、朋友、专家都或多或少地遭到了我的"骚扰",要么是水利知识的释疑,要么是历史文化知识的解惑。

南京大学历史学院的博士生导师张学锋教授是我国著名的魏晋南北朝及隋唐史的专家。当我大胆向张教授提出可否请他为本书作序时,张教授让我把书稿发给他,他在认真看完全部书稿后欣然赋序。张教授治学严谨,他精彩的序言更像是对学生论文的点评,这让我感动不已。

我也很荣幸地邀请到了中国水利摄影协会副主席缪宜江先生、微信公众号"南京发布"著名摄影师顾树荣先生、江苏省水利摄影协会副秘书长陈大卫先生、南京城墙博物馆王腾先生为本书提供了大量秦淮河的原创高清美图,这也为本书增色不少。陈大卫先生手绘的《秦淮河流域图》也成为本书封面的底图。

江苏凤凰教育出版社的刘芳女士是我这本书的责编,在本书出版的过程中,她对书中的每一个历史事件、人物,每一处古代文献、著作,每一个名称、年代,都作了全面细致的核查、校审,力求使本书经得起时间的检验。

2023年11月,"大美秦淮我先行"青年志愿服务项目获得第十一届全国母亲河"绿色项目奖",这是我与单位同事多年来共同努力的结果,也是我们对秦淮河最崇高的致敬。

《古韵新声话秦淮》是我人生的首部作品,与我相伴的秦淮河,是我取之不尽的创作源泉。愿更多的读者朋友更深入地了解秦淮河的前世今生,也愿广大的青少年更加关注以及关爱我们的母亲河。

绿水青山就是金山银山,愿"钟山青、秦淮碧"成为古都南京永恒不变的丹青画卷。

2023 年 12 月 16 日

鸣　谢

（排名不分先后）

感谢江苏省秦淮河水利工程管理处的领导为我创作此书提供了全力的支持与帮助。

感谢我办公室前桌的同事鞠金鑫，他是我书稿的第一读者，每当我写完一小节，他都会最先通读，还常常帮我查资料。

感谢江苏省秦淮河水利工程管理处的业务专家夏正创、吴皓明、顾昊在工作繁忙的时候抽空解答我的问题。

感谢同事陈玉军、闵克祥、赵庆华、薛铮等给我提供了各种秦淮河流域的照片，范宁为我换算了明城墙的公式。

感谢左劲松老师为了给我提供良好的创作环境，主动承担了好多工作任务；感谢档案室的唐敏为我找出了杨廷宝设计的武定门节制闸图纸。

特别感谢"南京学"的顶级专家卢海鸣老师，在我查阅的大部分南京史料、秦淮河地方志等资料中，都有他研究的成果，他还就书中大的脉络方向给我进行了指导。

感谢南京市旅游协会会长、南京市旅游局原局长邢定康为我提供了南京旅游文化的相关史料并提出很多专业的建议，感谢南京秦淮河建设开发有限公司袁光宇女士给我提供了大量的外秦淮河研究史料。

感谢南京博物院的庞鸥、张鲁两位老师，他们为我书中秦淮河的书法、绘画章节提供了专业的参考意见。为了帮我拍摄书中的那张鸭蛋文物照片，庞鸥老师带着我穿越暑假期间南京博物院拥挤的人群，挤到展柜前抓拍了实物。

感谢南京博物院的连凯先生、巢臻先生，他们为本书提供了大报恩寺琉璃塔拱门和三希堂的原创照片。

感谢著名出版人朱同芳先生和教育工作者战慧老师,他们为我提供了已经绝版的南京地方志文献,这为本书提供了翔实而丰富的史料依据。

感谢著名影视剧表演艺术家、87版电视剧《红楼梦》香菱扮演者陈剑月女士,她单独接受了我的采访,也为本书提供了她扮演的秦淮八艳之一寇白门的剧照。

感谢南京城墙博物馆副馆长任卓女士,她为我提供了很多明城墙以及南京城的珍贵史料。

感谢昆曲著名表演艺术家、中国戏剧梅花奖得主单雯女士、施夏明先生,他们为书中的昆曲部分提供了剧照以及戏曲史料。

感谢国家级非遗代表性项目"雨花茶制作技艺"代表性传承人陈盛峰老师为本书的雨花茶部分提供了资料和图片,感谢南京白局代表性传承人夏天老师为我提供了南京白局演出的照片。

感谢秦淮河文旅基金会秘书长、非遗馆馆长尹磊先生和江南丝绸文化博物馆馆长耿奇女士接待我参观,还为我提供了很多宝贵的资料和照片。

感谢南京市博物馆的王涛先生、南京出版社的徐智和高超博群两位先生,他们为我提供了文化历史方面的专业支持。

感谢承创织绣的吴颖、胡楠两位女士,她们为书中的云锦章节提供了内容与图片资料;感谢晨光1865文化创意产业园副总经理赵莉萍女士为我提供了工业遗产方面的资料。

感谢南京市光华东街小学吴宁校长、南京市武定新村小学史晖校长、南京市考棚小学袁塞校长、南京市双塘小学阙俊校长,他们为本书提供了秦淮灯彩、击剑运动、南京白局、定格动画等秦淮特色教育课件的素材。

感谢南京市秦淮区教育局刘小伋女士、曾文莲女士为本书的教育内容提供了有力的资源支持。

感谢南京市第五高级中学老校长郭子奇、校办常乐主任为本书提供珍贵的图片，感谢南京市钟英中学的于昕老师为本书提供了吴良镛题写的校名照片。

感谢"南京老门西文化守望者协会"王鑫先生为我提供相关的人文史料，感谢南京市文学之都促进会的赵思帆先生为我提供世界文学之都的相关资料。

感谢南京云锦研究所的樊博先生以及英国东安格利亚大学文化遗产和博物馆研究硕士顾红艳女士为书中的相关图片提供授权。

感谢江苏省应急管理厅的高菲女士、江苏省气象局的何浪女士，她们为我提供了南京气象史的资料；已经退休却仍笔耕不辍的水文化专家，我的师傅孙峰女士，她的很多研究成果也成为本书的重要参考资料。

南京文博系统的顾苏宁老师也非常关心本书的创作，他为本书的海上丝绸之路部分提供了照片；南京史志学家金戈老师也为本书提供了有600多年历史的"聚恩泉"浴室的珍贵原创照片。

感谢著名雕塑家陈建华老师，他特为本书提供了他的西善桥"竹林七贤"群雕作品的图片。

感谢江苏省水利厅黄小静女士为我提供了珍贵的中国人民解放军东部战区总医院原老楼的照片；感谢江苏句容赤山湖国家湿地公园王维女士为本书秦淮河生态多样性部分提供了很多的数据资料和原创照片。

感谢南京电视台邓灰女士、吴江先生，"上蔬无瑕"周小妹女士、高家风先生，"闰香阁"高首先生，他们为本书的南京美食部分提供了精美的原创照片。

感谢江苏省淮沭新河管理处的干小川、倪国安、胡洋三位先生,他们特意为本书的大运河部分拍摄了照片。

感谢江苏省科普作家协会常务副秘书长张洁先生、著名节目主持人靳浩先生为本书提供了精美的原创照片。

感谢南京市全民阅读办公室"书香南京"的王健女士,她给我推荐认识了摄影师顾树荣老师,使得本书的图片有了品质的保障。

原在水利部综合事业局就职,现从事金融行业的好友杨婧女士,为本书部分章节提供了有力的资源,使我的写作得以顺利进行。

感谢我的古琴学生张恒,她在得知我需要淮安清江浦的航拍照片时,特请专业的航拍团队为我拍摄了照片;学生张倩芸也为我提供了鸭馔的照片。

感谢南京外文书店的张翔先生,他为我整理出参考文献,还第一时间给我送来最新的南京文化书籍。

感谢我的高中同学沈健,作为高校艺术设计老师的他为本书书名写了几十幅秦淮书法作品,力求达到满意的效果。

感谢这本书的美编陈也老师,她不厌其烦地设计出不同风格的几十张封面,最终呈现出完美的效果。

感谢孙元亮先生提供的他绘制的云锦设计图稿《秦淮胜迹图》,它成为封面的点睛之笔。

也许还有没感谢到的朋友,就请宽恕我的不周之处,但我还是会默默地在心里感谢每一位对我有过帮助的亲朋好友们。